El libro de la
ESPERANZA

JANE GOODALL *y* DOUGLAS ABRAMS
con GAIL HUDSON

El libro de la ESPERANZA

UNA GUÍA *de* SUPERVIVENCIA
para TIEMPOS DIFÍCILES

OCEANO

El papel empleado en la impresión de este libro tiene un mínimo de 50% de material reciclado, y/o reciclable, y/o de fibras naturales no derivadas de la madera, de materias primas provenientes de bosques y plantaciones de manejo sustentable, o de alguna combinación de todos ellos. Su proceso de blanqueo es libre de cloro elemental.

EL LIBRO DE LA ESPERANZA
Una guía de supervivencia para tiempos difíciles

Título original: The Book of Hope. A Survival Guide for Trying Times

Traducción: Maia F. Miret

Diseño de portada: Nick Misani
Fotografía de portada: Kristin Mosher

Guillermo Barroso 17-5, Col. Industrial Las Armas
Tlalnepantla de Baz, 54080, Estado de México
info@oceano.com.mx

Primera edición: 2021

ISBN: 978-607-557-449-3

Impreso en México / Printed in Mexico

Para mamá, Rusty, Louis Leakey y David Barbagris
JANE GOODALL

Para mis padres, para Hassan Edward Carroll
y para todos los que buscan la esperanza
DOUG ABRAMS

Índice

(Instituto Jane Goodall / Bill Wallauer)

Una invitación para la esperanza

Vivimos tiempos difíciles.

En muchas regiones del mundo están ocurriendo conflictos armados, discriminación racial y religiosa, crímenes de odio, ataques terroristas y un giro político hacia la extrema derecha que alimenta manifestaciones y protestas que con demasiada frecuencia se tornan violentas. La brecha entre los ricos y los pobres se ensancha cada vez más, y fomenta el enojo y la agitación. La democracia se encuentra bajo ataque en diversos países. Encima de todo, la pandemia de covid-19 ha provocado una gran cantidad de sufrimiento y muertes, pérdida de empleos y caos económico por todo el planeta. Y la crisis climática, relegada temporalmente a un segundo plano, es una amenaza aún mayor para nuestro futuro y, de hecho, para toda la vida en la Tierra como la conocemos.

El cambio climático no es una idea abstracta que podría afectarnos en el futuro: ya lo estamos padeciendo ahora mismo, en forma del desajuste de los patrones climáticos del planeta, el deshielo, el aumento en los niveles del mar y los huracanes, tornados y tifones de magnitudes catastróficas. En todo el mundo, vemos inundaciones más potentes, sequías más prolongadas e incendios más devastadores. Por primera vez en la historia se han registrado incendios en el Círculo Polar Ártico.

Tal vez pienses algo así como: "Pero Jane tiene casi noventa años. ¿Cómo puede escribir sobre la esperanza si sabe las cosas que pasan en el mundo? Seguramente lo suyo es un optimismo insensato. No ve las cosas como son".

Pero sí veo las cosas como son. Y admito que hay muchos días en los que me siento deprimida, en los que parece que los esfuerzos y los sacrificios de todas las personas que luchan por la justicia social y ambiental, que combaten el prejuicio, el racismo y la avaricia, son batallas perdidas. Lo que sería insensato es pensar que podemos superar las fuerzas destructivas que nos rodean: la avaricia, la corrupción, el odio, los prejuicios ciegos. Es comprensible que haya días en los que nos sentimos condenados a sentarnos a contemplar cómo acaba el mundo "no con un estallido, sino con un quejido" (como dijo T. S. Eliot). A lo largo de las últimas ocho décadas he conocido tragedias como la del 9/11, tiroteos en escuelas, atentados suicidas y otras tantas, y he experimentado en carne propia la desesperanza que pueden producir estos terribles acontecimientos. Crecí durante la Segunda Guerra Mundial, cuando el mundo estaba en peligro de ser invadido por Hitler y los nazis. Viví durante la carrera armamentista de la Guerra Fría, cuando el planeta se encontraba bajo la amenaza del holocausto nuclear, y los horrores de los muchos conflictos que han condenado a millones a la tortura y la muerte a lo largo del planeta. Como todas las personas que viven lo suficiente, he pasado por muchos periodos sombríos y he sido testigo de mucho sufrimiento.

Pero cada vez que me deprimo recuerdo todas las extraordinarias historias de valor, tenacidad y perseverancia de quienes luchan contra las "fuerzas del mal". Porque sí, en efecto, creo que el mal vive entre nosotros. Pero las voces de quienes se enfrentan a él son mucho más poderosas e inspiradoras. E incluso cuando estas personas pierden la vida, sus voces siguen resonando por mucho tiempo y nos dan esperanza: esperanza en la bondad primordial de este extraño y conflictuado animal humano que evolucionó a partir de unos seres simiescos hace seis millones de años.

Desde 1986, cuando comencé a viajar por el mundo para crear conciencia sobre los daños sociales y ambientales que hemos producido los humanos, he conocido a muchas personas que perdieron la esperanza en el futuro. Los jóvenes, en particular, se sienten enfadados, deprimidos o simplemente apáticos porque, me dicen, pusimos en juego su futuro y sienten que no pueden hacer nada al respecto. Pero si bien es verdad que no sólo pusimos en peligro su futuro, sino que se los robamos con el incesante saqueo de los recursos finitos de nuestro planeta, sin preocuparnos por las generaciones futuras, no creo que sea demasiado tarde para contribuir a solucionar las cosas.

Creo que la pregunta que más me hacen es: ¿en verdad crees que existe esperanza para nuestro mundo? ¿Para el futuro de nuestros hijos y nuestros nietos?

Y yo respondo, con toda honestidad, que sí. Creo que aún tenemos un margen de tiempo para comenzar a reparar el daño que le hemos infligido al planeta. Pero ese margen se está acortando. Si nos preocupa el futuro de nuestros hijos, y de sus hijos después de ellos, si nos interesa la salud del mundo natural, debemos unirnos y actuar. Ahora, antes de que sea demasiado tarde.

¿Qué es esta "esperanza" que aún albergo y que me mantiene motivada para seguir adelante, luchando por lo que creo correcto? ¿A qué me refiero en realidad cuando hablo de "esperanza"?

La esperanza es una idea que suele malinterpretarse. La gente tiende a pensar que no es más que un optimismo pasivo: espero que ocurra tal cosa, pero no voy a hacer nada al respecto. De hecho, eso es lo contrario a la esperanza genuina, que requiere acción y compromiso. Muchas personas entienden la desesperada situación en la que se encuentra el planeta, pero no hacen nada porque se sienten impotentes y desesperanzadas. Por eso es importante este libro, que (espero) ayudará a la gente a darse cuenta de que sus acciones, por más pequeñas que parezcan, marcarán una diferencia real. El efecto acumulado de miles de acciones éticas puede ayudar a salvar y conservar nuestro mundo para las generaciones futuras. Porque ¿para qué molestarse en entrar en acción si uno no está convencido de que puede marcar una diferencia?

Mis razones para conservar la esperanza en estos tiempos funestos se irán revelando a lo largo de este libro, pero por el momento déjame decirte que sin esperanza todo está perdido. Es un atributo esencial para la supervivencia que ha sustentado a nuestra especie desde la Edad de Piedra. Tengo claro que mi propio viaje, extraño como fue, habría sido imposible de haber carecido de esperanza.

En las páginas de este libro discuto sobre esto y mucho más con mi coautor, Doug Abrams. Doug propuso que el libro tuviera forma de diálogo, algo como lo que hizo con *El libro de la alegría,* que escribió con el Dálai Lama y el arzobispo Desmond Tutu. En los capítulos que siguen, Doug tiene la función de un narrador que comparte las conversaciones que sostuvimos entre África y Europa. Con ayuda de Doug, puedo compartir contigo lo que aprendí sobre la esperanza durante mi larga vida y a partir de mis estudios del mundo natural.

La esperanza es contagiosa. Tus acciones inspirarán a otros. Deseo con todo el corazón que este libro te ayude a encontrar consuelo en una época de angustia, sentido en una época de incertidumbre y valor en una época de temor.

Te invito a que te unas a nosotros en este viaje hacia la esperanza.

DOCTORA JANE GOODALL,
Dama del Imperio Británico,
Mensajera de la Paz de la ONU

Cruzando las barreras inexistentes que alguna vez pensamos que nos separaban del resto del reino animal (Instituto Jane Goodall/Hugo Van Lawick).

I

¿Qué es la esperanza?

Whisky y salsa suajili de frijoles

Era la noche previa a que comenzáramos nuestros diálogos. Estaba nervioso, porque había mucho en juego. El mundo parecía necesitar la esperanza más que nunca, y en los meses que transcurrieron desde que me puse en contacto con Jane por primera vez para preguntarle si quería compartir en un libro sus razones para conservar la esperanza, el tema predominaba en mis pensamientos. ¿Qué es la esperanza? ¿Por qué la tenemos? ¿Es real? ¿Puede cultivarse? ¿En verdad hay esperanza para nuestra especie? Sabía que mi papel era formular todas las preguntas que nos hacemos cuando enfrentamos adversidades e incluso cuando nos sentimos desesperados.

Jane es una heroína mundial que lleva décadas viajando por el mundo como abanderada de la esperanza, y yo estaba ansioso por entender de dónde viene su confianza en el futuro. También quería saber cómo ha conservado la esperanza durante los desafíos que ha enfrentado en su propia vida como pionera.

Mientras preparaba mis preguntas lleno de entusiasmo y un poco de ansiedad, sonó el teléfono.

—¿Te gustaría venir a cenar con la familia? —preguntó Jane. Yo acababa de aterrizar en Dar es Salaam, y le respondí que estaría encantado de acompañarla y de conocer a su familia. Era una oportunidad no sólo de estar frente a este ícono, sino también de verla en su papel de madre y abuela, de compartir con ella el pan y, sospechaba, unos tragos de whisky.

No es fácil encontrar la casa de Jane, porque no tiene nada que pueda considerarse realmente una dirección; se encuentra al final de varios caminos de tierra, junto a la amplia residencia de Julius Nyerere, el primer presidente de Tanzania. El taxi no lograba encontrar la entrada correcta en el vecindario tapizado de árboles, y temí llegar tarde. El rojo disco del sol se ocultaba rápidamente y no había postes de luz para guiarnos.

Cuando dimos con la casa, Jane me recibió en la puerta con una sonrisa cálida y ojos grandes y penetrantes. Llevaba el pelo canoso atado en una cola de caballo y usaba una camisa verde de botones y pantalones color caqui, casi como el uniforme de un guardia forestal. En la camisa llevaba el logo del Instituto Jane Goodall (JGI, por sus siglas en inglés) con los símbolos de la organización: un perfil de Jane, un chimpancé parado en cuatro patas, una hoja que representa el medio ambiente y una mano que simboliza a los humanos que, ahora lo sabe, también necesitan protección.

Jane tiene ochenta y seis años, pero inexplicablemente parece no haber envejecido mucho desde la primera vez que fue a Gombe y adornó la portada de *National Geographic.* Me pregunté si la esperanza y el sentido de propósito tienen como efecto mantenerte joven por siempre.

Pero lo que más destaca de Jane es su determinación. Irradia de sus ojos color avellana como una fuerza de la naturaleza. Es la misma determinación que la llevó a mudarse a medio mundo de distancia para estudiar animales en África y que la ha hecho viajar sin pausa durante los últimos treinta años. Antes de la pandemia pasaba más de trescientos días al año dando conferencias sobre los peligros de la destrucción ambiental y la pérdida de hábitats. El mundo por fin ha comenzado a escucharla.

Sabía que a Jane le gusta tomarse un whisky vespertino, así que le llevé una botella de su favorito, Johnnie Walker Etiqueta Verde. Lo aceptó con elegancia, pero más tarde me dijo que debí haber comprado el Etiqueta Roja, más barato, y donar el resto a su organización ambiental, el Instituto Jane Goodall.

En la cocina, Maria, su nuera, había preparado un platillo vegetariano típico de Tanzania: arroz con coco servido con una cremosa salsa suajili de frijoles, lentejas y guisantes con un toque de maní triturado, curry y cilantro, y espinacas salteadas. Jane dice que a ella la comida le da igual, pero a mí no, y se me hacía agua la boca.

Puso mi regalito sobre el mostrador, junto a una gigantesca botella de cuatro litros y medio de whisky Famous Grouse. Era una sorpresa de los nietos adultos de Jane, que explicaron que era mucho más barato comprar a granel, y que seguramente le duraría todo el tiempo que pasara con ellos. Sus nietos viven en la casa de Dar es Salaam a la que Jane se mudó cuando se casó con su segundo esposo, aunque por esos días pasaba la mayor parte de su tiempo en Gombe. Hoy en día, Jane sólo va a la casa durante sus cortas visitas semestrales a Tanzania, apenas por unos pocos días a la vez, y también vuelve ocasionalmente a Gombe y a otros pueblos de Tanzania.

Para ella, un vasito de whisky en la noche es un ritual y una oportunidad para relajarse y, cuando es posible, brindar con amigos.

—Todo empezó —me explica— porque mamá y yo siempre compartíamos "una copita" en las noches cuando estaba en casa. Así que nos acostumbramos a alzar el vaso para brindar juntas a las siete de la noche, en cualquier parte del mundo en que me hallara.

También descubrió que cuando se le cansa mucho la voz de tantas entrevistas y conferencias, un pequeño sorbo de whisky tensa las cuerdas vocales y le permite proseguir.

—Además —explica Jane—, cuatro cantantes de ópera y un famoso cantante de rock me han dicho que esto también les funciona.

Me senté junto a Jane al aire libre, en la mesa del pórtico en la que ella y su familia reían y compartían anécdotas. Las frondosas bugambilias a nuestro alrededor nos hacían sentir como si estuviéramos bajo el dosel del bosque, a la luz de las velas.

Con mi familia en Dar es Salaam. De izquierda a derecha: mi nieto Merlin; su medio hermano Kiki, hijo de Maria; mi nieto Nick, medio hermano de Merlin; mi nieta Angely mi hijo Grub (Instituto Jane Goodall/Cortesía de la familia Goodall).

Merlin, su nieto mayor, tenía veinticinco años. Años atrás, cuando tenía dieciocho, tras una noche loca con amigos, se echó un clavado en una alberca vacía y se rompió el cuello. La lesión lo llevó a cambiar su vida: dejó la juerga y, como su hermana Angel, siguió a su abuela en el camino de la conservación de la naturaleza. Jane, la discreta matriarca, se sentó a la cabecera, evidentemente orgullosa de su familia.

Jane se untó repelente de mosquitos en los tobillos, y bromeamos sobre la falta de vocación vegetariana de estos animales.

—Sólo las hembras chupan sangre —señaló Jane—. Los machos viven de néctar.

A los ojos de la naturalista, los mosquitos chupadores de sangre no eran más que madres tratando de obtener alimento para sus crías, aunque su explicación no me reconcilió para nada con estos históricos enemigos de la humanidad.

Angel trabaja en nuestro programa Raíces y Brotes, y Merlin ayuda a desarrollar un centro educativo en antiguos remanentes de bosques cerca de Dar es Salaam (K 15 Photos / Femina Hip).

Cuando se abrió una pausa en la conversación y en las anécdotas familiares, quise hacerle a Jane las preguntas que me habían estado consumiendo desde que decidimos colaborar en un libro sobre la esperanza.

Debo admitir que, como típico neoyorquino escéptico, el tema de la esperanza me provocaba un poco de recelo. Me parecía una respuesta débil, una aceptación pasiva: "esperemos que todo salga bien". Sonaba a panacea o a fantasía. Una negación deliberada o una fe ciega a la cual aferrarse, a pesar de lo inequívoco de los hechos y la sombría realidad de la vida. Temía albergar falsas esperanzas, esas impostoras engañosas. De cierta forma, hasta el cinismo parecía más seguro que arriesgarse a tener esperanza. El miedo y la rabia se sentían como respuestas más útiles, listas para hacer sonar las alarmas, en especial durante épocas de crisis como la nuestra.

También quería saber cuál era la diferencia entre esperanza y optimismo, si Jane alguna vez había perdido la esperanza y cómo hacer para conservarla en tiempos aciagos. Pero estas preguntas tendrían que esperar a la mañana siguiente, porque se hacía tarde y todos se iban a la cama.

¿En verdad existe la esperanza?

Cuando regresé al día siguiente —un poco menos nervioso— para comenzar nuestra conversación sobre la esperanza, Jane y yo nos sentamos en su porche, en unas viejas sillas plegables de madera con asientos y respaldos de tela verde que daban hacia un patio tan lleno de árboles que era casi imposible ver el océano Índico, justo detrás. Un coro de aves tropicales trinaba, chillaba, cacareaba y gritaba. Dos perros rescatados llegaron a acurrucarse a los pies de Jane, y un gato maulló del otro lado de un mosquitero, insistiendo en participar en la conversación. Jane parecía una especie de santa Francisca de Asís moderna, rodeada de todos los animales que protegía.

—¿Qué es la esperanza? —comencé—. ¿Cómo la defines *tú*?

—La esperanza —respondió Jane— es lo que nos permite seguir adelante a pesar de las adversidades. Es aquello que deseamos que ocurra, pero para lo que tenemos que estar preparados para trabajar muy duro a fin de hacerlo realidad —Jane sonrió—. Es como esperar que éste sea un buen libro. No lo será si no hacemos el trabajo.

Sonreí.

—Sí, definitivamente es una de las cosas que yo también espero. Dijiste que la esperanza es lo que deseamos que ocurra, pero que debemos estar preparados para trabajar muy duro. ¿Eso quiere decir que la esperanza requiere de la acción?

—No creo que toda esperanza requiera acción, porque a veces no puedes hacer nada. Si estás en la celda de una prisión a la que te metieron injustamente, no puedes pasar a la acción, pero aun así puedes tener la esperanza de que te dejen libre. Estoy en contacto con un grupo de activistas de la conservación que fueron juzgados y condenados a sentencias largas por colocar cámaras de video para registrar la presencia de vida silvestre. Viven esperando el día en que sean liberados gracias a las acciones de otros, pero ellos mismos no pueden tomar medidas.

Por lo que entendía, la acción y la capacidad para actuar en el mundo son importantes para generar esperanza, pero ésta puede sobrevivir incluso en la celda de una prisión. Del interior de la casa emergió un gato negro de pecho blanco que se trepó al balcón, saltó hacia el regazo de Jane y se acurrucó cómodamente con las patas recogidas bajo el cuerpo.

—Me pregunto si los animales tienen esperanza.

Jane sonrió.

—Bueno, aquí Bugs —dijo, acariciando al gato— estuvo sentado dentro de la casa todo ese tiempo, sospecho que "esperanzado" de que lo dejáramos salir en algún momento. Cuando quiere comida, maúlla lastimeramente y se frota contra mis piernas con el lomo arqueado y agitando la cola, lo que suele producir el efecto deseado. Estoy segura de que cuando lo hace, espera que le dé comida. Piensa en tu perro cuando espera en la ventana a que llegues a casa. Ésa es una clara forma de esperanza. Los chimpancés con frecuencia hacen un berrinche cuando no obtienen lo que quieren. Ésa es una forma de mostrar que sus esperanzas se vieron frustradas.

La esperanza, pues, parecía no pertenecernos sólo a los humanos, pero sabía que ya volveríamos a aquello que la hace única en nuestras mentes. Por lo pronto, quería entender qué distingue a la esperanza de otro término con el que suele confundirse.

—Muchas de las tradiciones religiosas del mundo hablan de esperanza en el mismo aliento que la fe —dije—. ¿Son lo mismo la fe y la esperanza?

—La fe y la esperanza son muy distintas, ¿no? —repuso Jane, más como una afirmación que como una pregunta—. La fe es cuando realmente crees que hay un poder intelectual creador del universo, que puede traducirse en forma de Dios o Alá o algo así. Crees en Dios, el Creador. Crees en la vida después de la muerte o alguna otra doctrina. Ésa es la fe. Podemos *creer* que estas cosas son ciertas, pero no podemos *saberlo.* Y sin embargo, sí podemos saber la dirección que queremos tomar, y podemos *esperar* que sea la dirección correcta. La esperanza es más humilde que la fe, puesto que nadie conoce el futuro.

—Decías antes que la esperanza exige que trabajemos muy duro para lograr que se hagan realidad las cosas que deseamos.

—Bueno, en ciertos contextos es esencial. Piensa, por ejemplo, en la terrible pesadilla ambiental que estamos viviendo. Sin duda, tenemos la esperanza de que no sea demasiado tarde para revertirla, pero sabemos que este cambio no va a ocurrir a menos que hagamos algo.

—¿Cómo es que pasar a la acción te hace albergar más esperanza?

—Bueno, funciona en ambos sentidos. No mueves un dedo a menos que esperes que tus acciones van a hacer algún bien. Así que necesitas esperanza para ponerte en marcha, pero al hacer cosas, generas más esperanza. Es un asunto circular.

—Entonces, ¿qué es la esperanza exactamente? ¿Una emoción?

—No, no es una emoción.

—Entonces, ¿qué es?

—Es un aspecto de nuestra supervivencia.

—¿Es una habilidad para sobrevivir?

—No es una habilidad. Es algo más innato, más profundo. Es casi un regalo. A ver, piensa en otra palabra.

—¿Una herramienta? ¿Un recuerdo? ¿Una fortaleza?

—Una fortaleza, eso está bien. Una fortaleza, una herramienta. Algo por el estilo. ¡No una herramienta eléctrica!

Me reí de la broma de Jane.

—Entonces, ¿no un taladro?

—No, no un taladro eléctrico —respondió Jane, riendo también.

—¿Un mecanismo de supervivencia...?

—Mejor, pero menos mecánico. Un... —Jane hizo una pausa, tratando de encontrar la palabra correcta.

—¿Impulso? ¿Instinto? —sugerí.

—De hecho, es un atributo de la supervivencia —concluyó finalmente—. Eso es, un atributo de la supervivencia humana sin el cual nos extinguiríamos.

Si se trata de un atributo de la supervivencia, me pregunté por qué algunas personas lo tienen más que otras, si puede desarrollarse durante épocas particularmente estresantes y si alguna vez ella lo ha perdido.

¿Alguna vez has perdido la esperanza?

Jane posee una rara combinación de cualidades: la disposición inquebrantable de enfrentar los hechos concretos de la *científica* y el deseo de entender las preguntas más profundas de la vida humana de la *exploradora*.

—Como científica, tú... —comencé.

—Me considero naturalista —me corrigió.

—¿Cuál es la diferencia? —siempre había pensado que un naturalista era sencillamente un científico que trabaja en el campo.

—El naturalista —explicó Jane— busca la sensación de maravilla en la naturaleza; escucha la voz del mundo natural y aprende de la naturaleza al tiempo que trata de entenderla. Una científica, por su lado, está más concentrada en los hechos y el deseo de cuantificación. Para una científica, la pregunta es. "¿Por qué esto resulta adaptativo? ¿Cómo contribuye a la supervivencia de la especie?".

"Como naturalista debes tener empatía e intuición. Y amor. Tienes que estar preparada para ver una parvada de estorninos y maravillarte por la asombrosa agilidad de estas aves. ¿Cómo pueden volar en una bandada de varios miles de individuos sin tocarse unos a otros y, sin embargo, mantener formaciones tan cerradas y girar y lanzarse en picada todos juntos, casi como si fueran uno solo? ¿Y por qué lo hacen? ¿Por diversión? ¿Por placer? —Jane alzó la mirada hacia unos estorninos imaginarios, y sus manos bailaron como si fueran una parvada de aves ondulando en el cielo.

De pronto, Jane me pareció una joven naturalista llena de maravilla y asombro. Al comenzar a caer una pesada lluvia que nos obligó a hacer una pausa en la conversación, no fue difícil imaginarla en esos primeros días, cuando sus propios sueños y esperanzas parecían tan lejanos y difíciles de alcanzar.

Cuando la lluvia cesó, pudimos retomar nuestra charla. La pregunté a Jane qué recordaba de su primer viaje a África. Ella cerró los ojos.

—Fue como un cuento de hadas —respondió—. En esos días, no había aviones que hicieran esa ruta (era 1957), así que llegué en barco, el *Kenya Castle*. Debería haber tardado dos semanas, pero terminó tomándonos un mes, porque había una guerra entre Inglaterra y Egipto, así que estaba cerrado el canal de Suez. Tuvimos que rodear todo el continente africano, bajando hasta Ciudad del Cabo y subiendo nuevamente a lo largo de la costa de Mombasa. Fue un viaje mágico.

Jane iba decidida a cumplir su sueño de estudiar animales en estado salvaje, un sueño que nació de niña, cuando leía las historias del Doctor Doolittle y Tarzán.

—Está claro que Tarzán se casó con la Jane equivocada —ella bromeó.

La inverosímil vida de Jane ha inspirado a muchas personas en todo el planeta. En esa época, las mujeres no viajaban a medio mundo de distancia para vivir en la selva con animales salvajes y escribir libros sobre ellos. Como Jane dijo: "¡Ni siquiera los hombres lo hacían!".

Le pedí que me contara más sobre aquellos primeros días.

—Me fue muy bien en la escuela —recordó—, pero cuando me gradué, a los dieciocho años, no había dinero para la universidad. Tuve que encontrar trabajo, así que tomé un curso de secretaria. Era muy aburrido. Pero mi mamá me dijo que tendría que trabajar muy duro, aprovechar las oportunidades que tuviera y nunca rendirme.

"Mi mamá siempre decía: 'Si vas a hacer algo, hazlo bien'. Creo que ha sido una piedra angular en mi vida. Si no quieres hacer algo, déjalo por la paz, pero si lo vas a hacer, pon lo mejor de ti.

La oportunidad de Jane llegó cuando un amigo de la escuela la invitó a visitar la granja de su familia en Kenia. Y fue durante esa visita que escuchó hablar del doctor Louis Leakey, el famoso paleoantropólogo que había pasado su vida buscando los restos fosilizados de nuestros ancestros más antiguos en África. Por ese entonces era curador del Museo Coryndon (ahora Museo Nacional de Nairobi).

—Alguien me dijo que si me interesaban los animales tenía que conocer a Leakey —dijo Jane—. Así que hice una cita para verlo. Creo que lo impresionó lo mucho que sabía sobre animales africanos; había leído todo lo que había podido sobre ellos. Y adivina qué: dos días antes de conocerlo, su secretaria se había ido sorpresivamente, y necesitaba un reemplazo. Ya ves: ¡ese aburrido curso de secretaria rindió sus frutos después de todo!

Jane fue invitada a acompañar a Leakey, a su esposa Mary y a Gillian, otra joven inglesa, a su excavación anual en la garganta de Olduvai, en Tanzania, en busca de antiguos restos humanos.

Con el doctor Louis S. B. Leakey, el hombre que hizo mis sueños realidad (Instituto Jane Goodall / Joan Travis).

—Cuando se acercaba el fin de nuestra estancia de tres meses, Louis comenzó a hablar de un grupo de chimpancés que vivía en los bosques que bordean la costa este del lago Tanganika, en Tanzania, que por entonces aún se llamaba Tanganika y se encontraba bajo el régimen colonial británico. Me dijo que el hábitat de los chimpancés era remoto y agreste, y que habría animales peligrosos; los chimpancés mismos son cuatro veces más fuertes que los humanos. Ay, ¡qué ganas tenía de emprender una aventura como la que Leakey imaginaba! Dijo que estaba buscando a alguien con amplitud de miras, con pasión por el aprendizaje, que adorara a los animales y dotada de una paciencia inagotable.

Leakey pensaba que entender el comportamiento en estado salvaje de nuestros parientes más cercanos podría arrojar luz sobre la evolución humana. Quería que alguien se ocupara de este estudio porque, si bien podemos aprender mucho sobre el aspecto de una criatura a partir de su esqueleto, y de su dieta gracias al desgaste de los dientes, la *conducta* no se fosiliza. Creía que debía existir un antepasado común, una criatura entre simio y humano, que vivió hace unos seis millones de años. Si los chimpancés modernos (con quienes compartimos casi noventa y nueve por ciento de la composición de nuestro ADN) mostraban conductas similares (o idénticas) a las de los humanos modernos, argumentaba Leakey, éstas podrían haber estado presentes en ese antepasado común y formar parte de nuestro repertorio a lo largo de nuestras rutas evolutivas divergentes. Pensaba que esto lo ayudaría a deducir con más precisión el comportamiento de nuestros ancestros de la Edad de Piedra.

—No tenía idea de que estaba pensando en mí como candidata —dijo—, ¡y casi no lo pude creer cuando me preguntó si estaba lista para la tarea! —Jane sonrió al recordar a su mentor—. Louis era un verdadero gigante —afirmó—, en genialidad, visión y estatura. Y tenía un enorme sentido del humor. Le tomó un año obtener los fondos. Al principio, la administración británica se negó a concederle el permiso, horrorizada por la idea de que una joven blanca se internara en la espesura, pero Leakey insistió y terminaron por acceder, siempre y cuando no fuera sola y tuviera un compañero "europeo". Louis quería alguien que me ayudara en segundo plano, no que compitiera conmigo, y decidió que mi mamá sería perfecta. No tuvo que retorcerle mucho el brazo: le encantaban los desafíos y la expedición no habría sido posible sin ella.

"Bernard Vercourt, el botánico del Museo Coryndon, nos llevó hasta Kigoma (el pueblo más cercano a Gombe) en un Land Rover sobrecargado y de batalla corta, por caminos de tierra llenos de agujeros y de baches. Más tarde reconoció que al dejarnos, no esperaba volver a vernos con vida.

Mi mamá me ayudaba a prensar las plantas que yo recolectaba tras observar que los chimpancés las comían, así como a secar cráneos y otros huesos que hallaba. Nos encontramos en la entrada de nuestra vieja tienda militar de segunda mano (Instituto Jane Goodall/Hugo Van Lawick).

A Jane, sin embargo, le preocupaba más cómo cumplir su misión que los posibles peligros. Jane hizo una pausa, y la invité a que continuara.

—Cuando estuviste en Gombe, le escribiste una carta a tu familia que decía: "Mi futuro es totalmente ridículo. Me la paso de cuclillas como chimpancé, sobre las rocas, sacándome púas y espinas, y río al pensar en esta desconocida *señorita Goodall* que dice estar haciendo investigación científica en algún lejano lugar". Cuéntame sobre esos momentos de esperanza y de desesperación —le pedí, ansioso por entender la incertidumbre y la falta de confianza que experimentó, sobre todo al tratar de hacer algo que nunca se había intentado antes.

—Hubo muchos momentos de decepción y de desesperanza —explicó Jane—. Todos los días me levantaba antes del amanecer y trepaba las empinadas colinas de Gombe en busca de chimpancés; de vez en cuando avistaba alguno por mis binoculares. Me arrastraba y gateaba por el bosque, exhausta, con las piernas y los brazos arañados por los arbustos, hasta que finalmente llegaba hasta un grupo de chimpancés. El corazón me daba un vuelco, pero antes de que pudiera observar cualquier cosa, me dirigían una rápida mirada y escapaban en el acto.

"El dinero de mi investigación sólo alcanzaría para seis meses y los chimpancés huían de mí. Las semanas se convirtieron en meses. Tenía claro que a la larga me ganaría la confianza de los chimpancés. Pero ¿tenía tiempo? Sabía que si las cosas no salían bien, decepcionaría a Leakey, que había depositado tanta confianza en mí, y el sueño llegaría a su fin. Pero lo peor —continuó Jane— era que jamás podría entender a estas fascinantes criaturas o lo que pueden decirnos sobre la evolución humana, que es lo que Leakey esperaba comprender mejor.

Jane no era una científica consolidada. Ni siquiera tenía un título universitario. Leakey quería a alguien que estuviera libre de prejuicios académicos y nociones preconcebidas. Tal vez los importantes descubrimientos de Jane, en especial aquellos sobre las emociones y las personalidades de los animales, no habrían sido posibles si la hubieran predispuesto a negar que los animales las poseían, como era normal en las universidades por entonces.

Por suerte para Jane, Leakey creía que las mujeres podían ser mejores investigadoras de campo, más pacientes y empáticas hacia los animales que estudiaban. Tras mandar a Jane al bosque, Leakey ayudó a otras dos jóvenes a cumplir sus sueños: consiguió financiamiento para que Dian Fossey estudiara gorilas de montaña y Biruté Galdikas, orangutanes. Las tres terminarían por ser conocidas como "las Trimates".

—Cuando vi el terreno agreste y montañoso del parque —recordó Jane—, me pregunté cómo diablos iba a encontrar a esos esquivos chimpancés. Y no fue fácil. Mi mamá desempeñó un papel muy importante. Yo volvía al campamento deprimida porque los chimpancés habían vuelto a huir de mí, pero ella me decía que había aprendido más de lo que pensaba. Había descubierto un pico en el que podía sentarme y dominar dos valles con la mirada. Y a través de mis binoculares, los había visto construir nidos para dormir en los árboles y viajar en grupos de diferentes tamaños. Descubrí qué comían y sus diferentes llamados.

Instalé una cámara en un árbol y me tomé una foto con temporizador buscando señales de los chimpancés (Instituto Jane Goodall / Jane Goodall).

Pero Jane sabía que ésta no era suficiente información para que Leakey consiguiera más dinero al llegar el fin de su subvención para seis meses.

—Le escribí muchas cartas a Leakey —recuerda Jane— cuando los chimpancés huían de mí: "Depositaste toda tu fe en mí y no puedo hacerlo". Y él me respondía "Yo sé que tú puedes".

—El apoyo de Leakey debe haber sido muy importante para ti.

—De hecho, empeoraba las cosas —insistió Jane—. Cada vez que me decía "Yo sé que puedes hacerlo", yo pensaba: "Pero si no, le habré fallado". Esto era lo que más me preocupaba. Él puso el cuello para obtener dinero para esta jovencita desconocida. ¿Cómo se sentiría si lo defraudaba?

Le escribió una y otra vez, desesperada:

—No está funcionando, Louis —le decía—. Y a vuelta de correo, él respondía: "Yo *sé* que puedes hacerlo". Y en su siguiente carta la palabra "SÉ" era más grande y estaba subrayada. Y yo me sentía cada vez más desesperada.

—Debió haber algo en esa confianza hacia ti que también te impulsaba a volver a salir —sugerí.

—Sí, probablemente me alentó a trabajar aún más duro, aunque no sé cómo podría haber trabajado más, porque cada día salía a las cinco y media de la mañana a arrastrarme por el bosque o a observar desde mi cumbre hasta que casi oscurecía.

Esos primeros días suenan peligrosos, llenos de desafíos y obstáculos. Pero al parecer Jane no se inmutaba. Me contó que una vez se sentó en el suelo y observó a una serpiente venenosa deslizarse sobre sus piernas. Y que sentía que ningún animal iba a lastimarla, como si estuviera "destinada" a estar ahí. Creía que los animales de algún modo sabían que ella no pretendía dañarlos. Leakey fomentó esta certeza, y hasta ahora ningún animal le ha hecho daño.

Ahora bien, por más importante que fuera esta certidumbre, lo cierto es que Jane también sabía cómo conducirse cerca de animales salvajes. Sabía, en particular, que lo más peligroso es interponerse entre una madre y su cría, o confrontar a un animal herido o alguno que hubiera aprendido a odiar a los humanos.

—Leakey aprobó mi reacción en Olduvai una tarde en la que, tras un día de trabajo duro bajo el sol ardiente, Gillian y yo regresábamos al campamento y sentí algo a mis espaldas: un joven león curioso —cuenta Jane—. Tenía el tamaño de un adulto, pero su melena apenas comenzaba a crecer. Ella le dijo a Gillian que debían alejarse lentamente y subir por la ladera de la garganta hasta llegar a la planicie elevada.

"Louis dijo que fue una suerte que no hubiéramos corrido, porque el león podría habernos perseguido. También aprobó mi reacción cuando nos encontramos a un rinoceronte negro macho. Dije que debíamos quedarnos absolutamente quietas, pues los rinocerontes no tienen buena vista, y por suerte pude sentir cómo el viento soplaba hacia nosotras y supe que llevaría nuestro olor lejos de él. El rinoceronte sabía que pasaba algo extraño y corrió de un lado a otro con la cola en el aire, pero finalmente se alejó trotando. Creo que estas reacciones (y mi afición por desenterrar fósiles ocho horas al día) deben ser la razón por la que Leakey me ofreció la oportunidad de estudiar a los chimpancés.

Jane perseveró en Gombe, y poco a poco se ganó la confianza de los chimpancés. Conforme los iba conociendo, les puso nombres, del mismo modo que bautizó a todos los animales que ha tenido u observado. Más tarde le dijeron que era más "científico" identificarlos con números. Pero Jane, que nunca fue a la universidad, no lo sabía; de hecho, me confió que, de haber ido, está segura de que les habría puesto nombres de todos modos.

—David Barbagris, un chimpancé muy apuesto con un elegante mechón de pelo blanco en el mentón, fue el primero que confió en mí —contó Jane—. Era muy tranquilo, y creo que su aceptación poco a poco persuadió a los otros de que no era tan peligrosa después de todo.

David Barbagris fue al primero que Jane observó usar tallos de plantas como herramienta para sacar termitas de un termitero (sus nidos de tierra). Luego lo vio quitarle las hojas a una ramita para adaptarla para el mismo propósito. Por entonces la ciencia occidental pensaba que sólo los humanos éramos capaces de fabricar herramientas, y que ésta era una de las principales características que nos distinguían del resto de los animales. Nos definíamos como "el hombre, el fabricante de herramientas".

Cuando se reportaron las observaciones de Jane, esta amenaza a la singularidad humana causó sensación. El famoso telegrama de Leakey a Jane decía: "¡Ah! ¡Ahora debemos redefinir al hombre, redefinir las herramientas o aceptar a los chimpancés como humanos!". David Barbagris con el tiempo fue proclamado por la revista *Times* como uno de los quince animales más influyentes de la historia.

David Barbagris sobre un termitero con una herramienta de pasto en la boca. La fotografía fue tomada inmediatamente después del primer avistamiento de la captura de termitas (Instituto Jane Goodall / Judy Goodall).

—David Barbagris y su uso de herramientas fue el momento que lo cambió todo —recuerda Jane—. *National Geographic* accedió a financiar mi investigación cuando se acabó la primera subvención, y mandaron a Hugo a filmarlo todo.

Hugo van Lawick, el cineasta holandés que registró los descubrimientos de Jane, terminaría por convertirse en su primer esposo.

—Se lo debo a Louis por recomendar a Hugo, y a *National Geographic* por estar de acuerdo —explica Jane, refiriéndose al romance que siguió.

—¿Así que Louis fue el casamentero?

—Sí. De hecho yo no buscaba un "compañero", pero Hugo aterrizó allí, en mitad de la nada, y pues estábamos los dos. Ambos éramos razonablemente atractivos. Ambos adorábamos a los animales. Ambos amábamos la naturaleza. Así que resulta bastante obvio que aquello tenía que funcionar.

Aquí se muestra el pesado equipo que Hugo debía cargar por todos lados, una vieja cámara Bolex de 16 mm. En la playa de Gombe (fotografía publicitaria de ABC News).

Jane rememora su primer matrimonio con la ecuanimidad que le dan casi cinco décadas desde su divorcio, en 1974. Volvió a casarse con Derek Bryceson, el director de parques de Tanzania, pero lo perdió a causa del cáncer menos de cinco años después, cuando ella apenas tenía cuarenta y seis.

Cuando Jane llegó al bosque con sus propios sueños y esperanzas, no tenía idea de que justamente la esperanza terminaría por convertirse en un tema central de su trabajo.

—¿Qué papel desempeñó la esperanza en esos primeros días?

—De no haber tenido esperanzas en que con el tiempo podría tener éxito, me habría dado por vencida. No habría tenido sentido. Sabía que con el tiempo podría ganarme la confianza de los chimpancés.

Jane hizo una pausa y miró hacia abajo.

—Por supuesto, me hacía insistentemente la misma pregunta: ¿*Tenía* tiempo? Supongo que es un poco como el cambio climático. ¿Tendremos tiempo? Sabemos que *sí* podemos desacelerarlo; lo que nos preocupa es si tenemos suficiente tiempo para revertirlo.

Ambos nos quedamos en silencio, sintiendo el peso de la pregunta de Jane. Incluso antes de que se conociera ampliamente la crisis climática, su interés por los chimpancés y por el medio ambiente fue lo que la llevó a irse de Gombe.

—Durante mis primeros días en Gombe estaba en mi propio mundo mágico, aprendiendo constantemente nuevas cosas sobre los chimpancés y el bosque. Sin embargo, en 1986 todo cambió. Por entonces, ya había varios otros sitios de campo por toda África, y ayudé a organizar una conferencia para reunir a estos científicos.

Fue en esta conferencia donde Jane se enteró de que en todos los lugares donde se estudiaba a los orangutanes en su estado salvaje, sus poblaciones se reducían y sus bosques estaban en destrucción. Los cazaban por su carne, los atrapaban con trampas y eran expuestos a enfermedades humanas. Les disparaban a las madres para apresar a sus crías y venderlas como mascotas o a los zoológicos, para que las entrenaran en los circos o las emplearan para la investigación médica.

Jane me contó cómo logró obtener financiamiento para visitar seis países distintos, siguiendo la distribución de los chimpancés en África.

—Aprendí mucho sobre los problemas que enfrentaban los chimpancés —dijo—, pero también sobre los que enfrentan las poblaciones humanas que viven en los bosques de los chimpancés y en sus alrededores. La pobreza abyecta, la falta de educación y de instalaciones de salud de calidad, y la degradación de la tierra conforme crecen las poblaciones.

"Cuando llegué a Gombe, en 1960 —narró—, era parte del gran cinturón de bosques ecuatoriales que cruzaba África de lado a lado. Para 1990 se había convertido en un diminuto oasis de árboles rodeado por colinas peladas. Vivía allí más gente de la que podía sostener la tierra, demasiado pobre para comprar comida en otro lado y luchando siempre por sobrevivir. Se habían talado los árboles para sembrar comida o producir carbón.

"Me di cuenta de que si no podíamos ayudar a la gente a encontrar una forma de ganarse la vida sin destruir el entorno, no habría manera de salvar a los chimpancés.

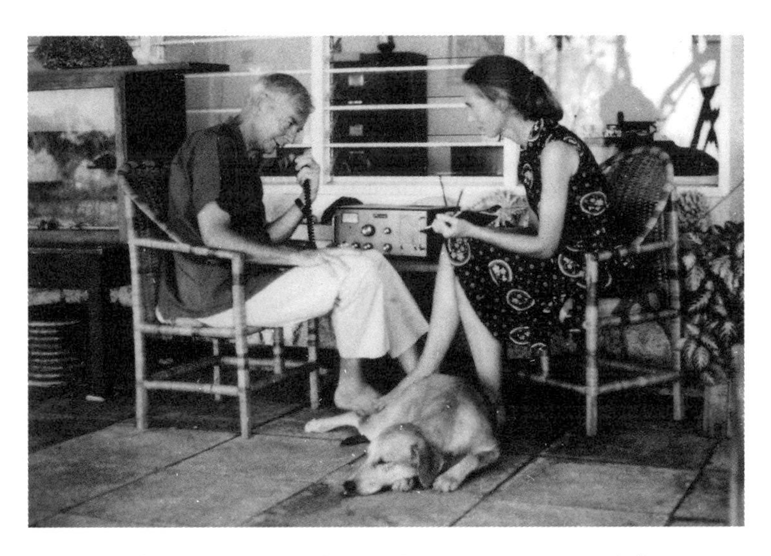

Cuando estábamos en Dar es Salaam, Derek y yo nos comunicábamos con Gombe todos los días por el radioteléfono que se ve en la mesa. Nuestro perro adoptado es Wagga (Instituto Gane Goodall / Cortesía de la familia Goodall)

Sabía que Jane llevaba tres décadas luchando. Luchando por los derechos de los animales, la gente y el medio ambiente, y me sorprendió oírla añadir:

—Ahora el daño que hemos hecho es innegable.

Finalmente me armé de valor para hacerle a Jane una pregunta más personal, que había dudado en formular.

—¿Alguna vez perdiste la esperanza?

No sabía si el ícono mundial de la esperanza admitiría haberla perdido alguna vez. Ella hizo una pausa y reflexionó. Sabía que su enorme impulso y resiliencia lo hacían improbable, pero también que había sufrido sus propios momentos de crisis y sufrimiento. Finalmente, exhaló:

—Tal vez, por un tiempo. Cuando Derek murió. La tristeza puede hacerte sentir desesperanza.

Esperé a que Jane siguiera explorando sus recuerdos difíciles.

—Nunca voy a olvidar sus últimas palabras. Dijo: "No sabía que era posible sentir tanto dolor". Trato de olvidar lo que dijo, pero no puedo. Aunque algunas veces no sentía dolor y estaba bien, nada borra estas últimas palabras de mortificación. Es horrible.

Imaginé el dolor de escuchar a tu pareja sufriendo un dolor tan insoportable.

—¿Cómo pudiste afrontarlo?

—Tras su muerte, me ayudaron muchas personas. Volví a mi santuario en Inglaterra, en Birches —dijo Jane—. Una de las perras me ayudó mucho también. Dormía en mi cama, proporcionándome el consuelo que siempre obtengo de la compañía de un perro amoroso. Y luego volví a África y fui a Gombe. Lo que más me ayudó fue el bosque.

—¿Qué te dio el bosque?

—Me dio una sensación de paz y de intemporalidad, y me recordó el ciclo de vida y muerte que todos experimentamos... Y me mantuve ocupada. Eso ayuda.

—No puedo imaginarme lo difícil que fue —respondí. Yo todavía no había perdido a nadie tan cercano como una pareja o un progenitor, pero me conmovió el dolor en sus palabras, que seguía resonando décadas después.

Bugs bostezó y se bajó de un salto del regazo de Jane. Su siesta había terminado y estaba listo para su siguiente comida o su siguiente aventura.

—¿Alguna vez perdiste la esperanza en el futuro de la humanidad? —pregunté, consciente de que la desesperanza puede ser tanto profundamente personal como de alcance planetario, sobre todo cuando tantas cosas parecen ir en la dirección incorrecta.

—En ocasiones pienso: "Bueno, pero ¿por qué demonios siento esperanza?". Porque los problemas que enfrenta el planeta son colosales. Y si los analizo con cuidado, a veces parecen absolutamente imposibles de resolver. Así que, ¿por qué siento esperanza? En parte, porque soy muy necia. Simplemente no me doy por vencida. Pero por otro lado, tiene que ver con que no podemos predecir exactamente el futuro. No podemos y punto. Nadie sabe cómo van a salir las cosas.

Por alguna razón, escuchar cómo la esperanza de Jane había sido puesta a prueba y cuestionada la hizo más inspiradora e incluso, de un modo extraño, más fidedigna.

Y sin embargo, me pregunté por qué algunas personas se recuperan más rápidamente de la tristeza o el desconsuelo. ¿Existe una ciencia que pueda explicar la esperanza, por qué algunos tienen más esperanza que otros y, tal vez, cómo todos podemos recurrir a ella cuando la necesitamos?

¿La ciencia puede explicar la esperanza?

Cuando Jane y yo acordamos trabajar en un libro sobre la esperanza, investigué un poco sobre el campo relativamente nuevo de los estudios sobre el tema. Descubrí, con sorpresa, que la esperanza es muy distinta de los deseos o las fantasías. La esperanza conduce al éxito, pero las ilusiones no. Si bien ambas cosas implican pensar sobre el futuro con gran detalle, sólo la esperanza lleva a una acción dirigida a lograr la meta, algo que Jane subrayó varias veces durante las reuniones que siguieron.

Cuando nos concentramos en el futuro, hacemos una de tres cosas. *Fantaseamos*, es decir, básicamente tenemos grandes sueños por diversión y entretenimiento; nos *mortificamos*, es decir, nos concentramos en todas las cosas malas que pueden pasar —éste es el pasatiempo oficial de mi ciudad natal—, o nos *esperanzamos*, es decir, imaginamos el futuro al tiempo que reconocemos que los cambios son inevitables. Resulta interesante notar que las personas más esperanzadas pueden anticipar los contratiempos en el camino y trabajar para superarlos. Aprendí que la esperanza no es una estrategia ingenua para evadirse de los problemas, sino una manera de enfrentarlos. Sin embargo, siempre había pensado que las personas esperanzadas y optimistas nacen así, y quería saber si Jane estaba de acuerdo.

—¿Es cierto que algunas personas simplemente tienen más esperanza y optimismo que otras?

—Pues, tal vez —respondió Jane—, pero la respuesta tiene que ver con la diferencia entre la esperanza y el optimismo.

—¿Cuál es esa diferencia?

—No tengo ni la más pálida idea —respondió con una carcajada.

Esperé, consciente de que a Jane le encanta la investigación y el debate científicos. Me daba cuenta de que estaba sopesando la idea.

—A ver, creo que una persona es optimista o no lo es. Es una disposición o una filosofía de vida. Como optimista, siempre piensas: "Ah, todo va a salir bien". Es lo opuesto a un pesimista, que siempre siente: "Ay, nada me va a funcionar". La esperanza, por el otro lado, es una determinación férrea de hacer todo lo que puedas para que aquello *funcione,* y espero que se pueda cultivar y cambiar a lo largo de nuestras vidas. Por supuesto, es mucho más probable que alguien con una naturaleza optimista tenga esperanza, ¡porque ven el vaso medio lleno y no medio vacío!

—¿Será que nuestros genes —pregunté— determinan si somos optimistas o pesimistas?

—Según lo que he leído —respondió Jane—, existe evidencia de que una personalidad optimista puede ser, en parte, resultado de la herencia genética, pero sin duda pueden prevalecer los factores ambientales, del mismo modo que aquellos que nacen sin una tendencia genética hacia el optimismo pueden desarrollar un talante más optimista y autosuficiente. Sin duda, esto subraya la importancia del entorno y la educación temprana de los niños. Un entorno familiar favorable puede tener un efecto *fundamental.* Yo tuve suerte con el mío, en especial gracias a mi madre. Pero tal vez habría sido menos optimista de haber nacido en una familia menos comprensiva. Recuerdo haber leído en algún lado que un par de gemelos idénticos criados en entornos distintos tenían, a pesar de todo, personalidades similares. Pero como dije, también es cierto que el entorno puede afectar la expresión de los genes.

—¿Has escuchado el chiste sobre la diferencia entre un optimista y un pesimista? —pregunté—. El optimista cree que vivimos en el mejor de los mundos posibles, y el pesimista teme que el optimista tenga razón.

Jane rio.

—Pero no sabemos qué va a pasar, ¿cierto? Y no podemos quedarnos sentados sin hacer nada y esperar que todo salga bien.

La actitud pragmática de Jane me hizo recordar una conversación que tuve con Desmond Tutu, que debió sobreponerse a muchos retrocesos trágicos y a terribles adversidades en su lucha por liberar Sudáfrica del régimen racista del *apartheid*.

—El arzobispo Tutu —le conté a Jane— me dijo una vez que el optimismo puede convertirse rápidamente en pesimismo cuando cambian las circunstancias. Pero me explicó que la esperanza es una fuente de fortaleza mucho más profunda, prácticamente indestructible. Cuando un periodista la preguntó a Tutu por qué era optimista, él respondió que no era un optimista sino un "prisionero de la esperanza", citando al profeta bíblico Zacarías. Dijo que la esperanza es ser capaz de ver que hay luz a pesar de la oscuridad.

—Sí —respondió Jane—. La esperanza no niega las dificultades y los peligros, pero éstos no la detienen. Existe mucha oscuridad, pero nuestras acciones crean la luz.

—Así que podemos cambiar nuestra perspectiva para ver la luz y trabajar para crear aún más.

Jane asintió.

—Es importante pasar a la acción y darnos cuenta de que *podemos* marcar la diferencia. Esto animará a otros a actuar, y entonces nos daremos cuenta de que no estamos solos y de que la suma de nuestras acciones de verdad construye una diferencia aún mayor. Así es como propagamos la luz. Y esto, por supuesto, nos da aún más esperanza a todos.

—Siempre me muestro un poco escéptico —dije— de los intentos por cuantificar algo tan intangible como la esperanza, pero al parecer hay algunas investigaciones interesantes que muestran que la esperanza tiene un profundo impacto sobre nuestro éxito, nuestra felicidad e incluso nuestra salud. Un metaanálisis de más de cien estudios encontró que la esperanza lleva a un doce por ciento de aumento en el desempeño académico, a un catorce por ciento de incremento en los resultados laborales y a un catorce por ciento en la felicidad. ¿Qué piensas de esto?

—Estoy segura de que la esperanza representa una diferencia significativa en muchos aspectos de nuestras vidas. Repercute en nuestro comportamiento y en las cosas que podemos lograr —respondió Jane—. Pero también creo que es importante recordar que si bien las estadísticas pueden ser útiles, las historias impulsan a la gente a actuar más que los números. ¡Muchas personas me agradecen por no usar estadísticas en mis conferencias!

—¿Pero no queremos que la gente conozca los datos? —pregunté.

—Pues pongámoslos al final del libro, para quienes quieran conocer todos los detalles.

—Muy bien, podemos incluir una sección de "Fuentes recomendadas" para quienes quieran saber más sobre las investigaciones que mencionemos en la conversación —respondí, y luego le pregunté a Jane sobre la naturaleza comunitaria de la esperanza—: ¿Cuál crees que sea la relación entre la esperanza que la gente siente en sus propias vidas y su esperanza hacia el mundo?

—Digamos que eres una mamá —respondió Jane—. Esperas que tu hijo reciba una buena educación, que obtenga un buen trabajo, que sea una persona decente. Esperas que, en tu vida, logres obtener un buen trabajo y mantener a tu familia. Eso es para ti y tu vida. Pero obviamente, tus esperanzas se extienden hacia la comunidad y el país en el que vives. Esperas que tu comunidad pueda luchar contra un proyecto que va a contaminar el aire y afectar la salud de tu hijo. Esperas que los líderes políticos que elijas sienten las bases para que tus esperanzas se hagan realidad.

Está claro que, como Jane explicaba, cada uno de nosotros tiene sueños y esperanzas para nuestras vidas y sueños y esperanzas para el mundo. La ciencia de la esperanza ha identificado cuatro componentes fundamentales para tener una sensación duradera de esperanza en nuestras vidas, y tal vez también en nuestro mundo: debemos tener *metas* realistas a las cuales aspirar, así como *vías* realistas para obtenerlas. Además, necesitamos tener *confianza* en que vamos a alcanzar estas metas, y *apoyo* para superar las adversidades que surjan por el camino. Algunos investigadores llaman a estos cuatro componentes el "ciclo de la esperanza", porque cuanto más tenemos de cada uno, más se potencian entre sí y más esperanza infunden en nuestras vidas.

La ciencia de la esperanza era interesante, pero yo quería saber qué pensaba Jane, sobre todo, acerca de cómo podemos tener esperanza en épocas difíciles. Pero antes de que pudiéramos explorar esta pregunta, el doctor Anthony Collins, colega de Jane en Gombe, fue a avisarnos que el equipo de grabación de *National Geographic* la necesitaba. Nos detuvimos por el día y acordamos retomar a la mañana siguiente, para conversar sobre la esperanza en épocas de crisis. No podía saber que para la noche siguiente la esperanza se volvería aún más urgente —y esquiva—, durante una crisis personal.

¿Cómo conservar la esperanza en épocas difíciles?

El canto de un muecín que llamaba a la oración me despertó temprano, cuando ya se dejaba sentir el pegajoso calor veraniego de Tanzania. En la luz rosada del amanecer, mientras el agua y el cielo azul cobraban brillo, observé a un pescador en un pequeño bote de madera, más bien como una piragua, que arrojaba al agua una delicada red blanca con la esperanza de atrapar un pez. La tiraba una y otra vez, recogiéndola cada vez para eliminar los palos y hojas y las ocasionales botellas y bolsas de plástico que pescaba, pero ningún pez. Debía ser la esperanza —y el hambre— lo que lo hacía levantarse cada mañana para salir a conseguir el sustento para su familia.

Cuando llegué a casa de Jane, más tarde esa mañana, me recibió en el jardín trasero y señaló una mancha oscura en una rodilla de su pantalón.

—Es sangre —dijo. Pasamos a su amplio jardín silvestre y me mostró dónde se había tropezado la noche anterior y se había raspado la rodilla.

Me explicó cómo había ocurrido.

—Llevaba las velas así —dijo, levantando mucho las manos—, de modo que podía ver hacia dónde iba, pero no el suelo bajo mis pies. Alguien dijo: "Cuidado por donde pisas", pero para entonces ya era tarde.

A Jane no parecía preocuparle lo más mínimo su herida.

—Mi cuerpo sana rápido —explicó.

—Estoy seguro de que te han tocado peores —dije, pensando en su actitud tranquila y despreocupada.

—Ay, sí. Mira ésta —dijo Jane, señalando su mejilla y casi disfrutando la hendidura que sugería un posible hueso roto en su historia.

—¿Qué fue eso?

—Una interacción con una roca en Gombe.

—Cuéntame qué pasó.

—Ah, pues si vamos a hablar de esto, te lo voy a contar con lujo de detalle, porque fue de lo más dramático...

Pero antes de que pudiera comenzar, los perros corrieron hacia nosotros y nos saltaron encima cariñosamente. Uno de ellos, Marley, era un perrito blanco de patas cortas, una especie de cruza entre un corgi y un terrier West Highland, con grandes orejas peludas. La otra, Mica, era más grande y de color negro y marrón, una mezcla con las orejas caídas típicas de los labradores.

—A todos los rescatamos —cuenta Jane—. Mica viene de un refugio que comenzó un amigo. Y Merlin encontró a Marley vagando por las calles, sin hogar. No tenemos idea de cuál sea su historia.

Lo acarició y dio inicio a la suya.

—Esto pasó hace doce años, cuando tenía setenta y cuatro. Estaba subiendo una pendiente que, la verdad, era demasiado empinada. Fue una tontería, pero una chimpancé había subido por allí y trataba de encontrarla. Estaba resbaloso y era la temporada seca, así que no crecía nada de lo que pudiera sostenerme, sólo hebras de pasto seco que se desprendían al tomarlas. Pero bueno, conseguí llegar casi hasta la cima, y allí, justo encima de mí, había una roca grande. Pensé que podría treparme en esa roca y luego sobre otra que podía ver más arriba, y listo, habría llegado. Así que me estiré, me sujeté de la roca y, para mi horror, se desprendió. Y era como así de grande —Jane sostuvo sus manos a sesenta centímetros de distancia— y era muy, muy sólida y pesada. De modo que cayó sobre mi pecho y nos derrumbamos juntas. Yo terminé tirada de lado, ¡como sosteniendo la roca contra mí! Como dije, la pendiente era muy empinada y de unos treinta metros de altura. Si algo no me hubiera empujado a un lado para hacerme caer en una vegetación que ni sabía que estaba allí, no estaría aquí ahora. Yo me salvé, pero la roca cayó hasta el fondo. Hicieron falta dos hombres con una camilla para llevársela; era demasiado pesada para que yo la levantara.

”La tenemos afuera de mi casa en Gombe —concluyó Jane, describiendo su trofeo con aire triunfal—. Siempre hacemos que la gente trate de adivinar cuánto pesa.

—¿Cuánto pesa? —pregunté.

—Cincuenta y nueve kilos.

—Pero si le sumas la velocidad de la caída, debe haber producido un impacto mucho mayor sobre tu cuerpo mientras rodabas por la pendiente —dije.

—¡Dímelo a mí! —respondió Jane.

—¿Qué te empujó hacia un lado?

—Alguien o un poder desconocido que me cuida allá arriba —respondió Jane, mirando hacia el cielo—. Esto ya había pasado antes.

—Alguien... —comencé a decir, pero Jane todavía iba a la mitad de su historia. No tuvimos oportunidad de conversar sobre qué o quién la cuidaba, pero estaba seguro de que retomaríamos el tema más tarde.

—Entonces, al hacerme una radiografía dos días más tarde, descubrí que tenía un hombro dislocado. Y mucho tiempo después, cuando los moretones habían desaparecido hacía rato de mi cara, estaba segura de que algo seguía mal. Así que le pedí a mi dentista que me sacara una radiografía.

—¿A tu dentista?

—Pues sí. Ya estaba allí, y no quería hacer todo el trámite de pedirle una cita al doctor. El dentista me dijo que no podía tomarme una radiografía de muy buena calidad, pero parecía que tenía una fisura en el pómulo. Me dijo: 'Podrían ponerte una placa metálica'. Yo estaba bastante segura de que no necesitaba una placa en la mejilla. ¡Imagínate el lío de seguridad en el aeropuerto! De todos modos, no tenía tiempo para achaques. Tenía trabajo que hacer. Aún no tengo tiempo para achaques. Todavía tengo trabajo que hacer.

Muchas personas mayores que conozco se la pasan concentradas en sus achaques, pero las que me parecen más sanas y felices son las que se concentran en algo distinto a sus propios problemas. Jane se revelaba como un poderoso ejemplo de resiliencia y persistencia frente a los obstáculos, atributos que los investigadores me habían dicho que eran indispensables para tener esperanza. Nada se interponía entre ella y sus objetivos.

—¿Siempre fuiste tan fuerte y ruda? —le pregunté.

Jane rio.

—No, de joven siempre me enfermaba. De hecho, mi tío Eric, que era doctor, me llamaba Weary Willie.* Yo en verdad pensaba que mi cerebro rebotaba dentro de mi cráneo; no sé por qué. Pero tenía unas migrañas horrorosas.

—Yo también tenía migrañas. Son horribles —le conté.

Me impresionaba su fortaleza mental, que al parecer la había hecho volverse muy dura en la vida adulta, a pura fuerza de voluntad. Me recordaba una de las historias más conmovedoras que había escuchado sobre el poder de la mente.

—¿Conoces el trabajo de la psicóloga Edith Eger? —pregunté, sabiendo que Jane siente fascinación por el Holocausto y lo que revela sobre la naturaleza humana.

—No, dime quién es.

—La doctora Eger apenas tenía dieciséis años cuando la llevaron a Auschwitz en un vagón de ganado junto a su familia. Allí su madre le dijo: "No sabemos adónde vamos. No sabemos qué va a suceder. Sólo recuerda que nadie puede quitarte las cosas que pones en tu mente". Ella recordó estas palabas incluso después de que sus padres fueron enviados a los crematorios.

"Aunque todos los que la rodeaban, desde los guardias hasta los otros prisioneros, le decían que no iba a salir de allí con vida, nunca perdió la esperanza. Se dijo: 'Esto es temporal. Si sobrevivo hoy, mañana seré libre'. Una de las chicas del campo de exterminio estaba muy enferma. Todas las mañanas la doctora Eger suponía que la vería muerta en su litera. Y, sin embargo, cada día la chica se las arreglaba para levantarse de su camastro de madera y trabajar otra jornada. Cada vez que se paraba en la fila de la selección se las arreglaba para verse lo suficientemente sana como para evitar la cámara de gas. Cada noche colapsaba de nuevo en la litera, jadeando.

"Edie le preguntó cómo se las arreglaba para seguir adelante. Ella respondió: 'Escuché que nos van a liberar en Navidad'. La chica contó cada día y cada hora, pero llegó la Navidad y no fueron liberadas. Murió al día siguiente. Edie explica que la esperanza mantenía a la joven con vida, y cuando perdió la esperanza, también perdió la voluntad de vivir.

* Un payaso interpretado por Emmett Kelly, vestido de vagabundo y de gesto lastimero. *(N. de la T.)*

"Ella dice que quienes se preguntan cómo se puede tener esperanza en situaciones que parecen desesperadas, como un campo de exterminio, confunden esperanza con idealismo. El idealismo quiere que todo sea justo, o fácil o bueno. La esperanza, dice, no niega el mal; por el contrario, es una respuesta al mal.

Comenzaba a darme cuenta de que la esperanza no tiene que ver con los buenos deseos. Ésta reconoce los hechos y los obstáculos, pero no deja que nos abrumen o nos detengan. En efecto, esto ocurre en muchas situaciones al parecer desesperadas.

—Ya sé —dijo Jane, pensativa— que la esperanza no siempre se basa en la lógica. De hecho, puede parecer bastante ilógica.

La situación que enfrenta hoy el mundo puede considerarse desesperada, y sin embargo Jane siente esperanza aun cuando la "lógica" nos diga que no hay razón para hacerlo. Tal vez la esperanza no es una mera expresión de los hechos. La esperanza es cómo creamos nuevos hechos.

Sabía que la sensación de esperanza que sentía Jane a pesar de la dramática realidad que vive nuestro planeta descansa en cuatro razones principales: el *sorprendente intelecto humano,* la *resiliencia de la naturaleza,* el *poder de la juventud* y el *indomable espíritu humano.* Y sabía que ella viaja por el mundo compartiendo esta sabiduría y sembrando la esperanza en otros. Me sentía ávido por explorar y debatir estos principios con ella. ¿Por qué pensaba que nuestro sorprendente intelecto humano es una fuente de esperanza, dado todo el mal que es capaz de hacer? ¿No fue nuestra astucia la que nos llevó al límite de la destrucción? Podía imaginar por qué veía esperanza en la resiliencia de la naturaleza, pero ¿puede ésta soportar la destrucción que estamos desatando? Y ¿por qué los jóvenes son para ella una fuente de esperanza, considerando que las generaciones previas no han sido capaces de resolver los problemas que enfrentamos y los jóvenes aún no gobiernan el mundo? Y finalmente, ¿a qué se refiere con el indomable espíritu humano, y cómo es que eso puede salvarnos? Nuestro tiempo juntos había terminado por ese día, así que acordamos reanudar la conversación temprano a la mañana siguiente.

Pero nuestros planes estaban a punto de verse trastornados.

Tarde en la noche, sonó mi teléfono móvil. Era mi esposa, Rachel. Mi padre había sido llevado de urgencia al hospital, y la situación parecía grave. Compré un boleto para el siguiente vuelo de regreso a Nueva York y llamé a Jane para avisarle que tendría que posponer nuestras conversaciones hasta que mi padre estuviera estable. Para mí, la esperanza y la desesperanza ya no representaban meros asuntos intelectuales. Ahora lo eran todo para mí.

(Catalin y Daniela Mitrache)

II

Las cuatro razones de Jane para la esperanza

Razón 1: el sorprendente intelecto humano

En el momento de esta fotografía, Freud era un macho alfa, inteligente y muy buen líder. ¿Algún día sabremos qué están pensando? (Michael Neugebauer/www.minephoto.com).

—Me dio mucha tristeza enterarme de lo de tu padre —me dijo Jane cuatro meses después, cuando nos reencontramos en los Países Bajos.

Lo que al principio se había diagnosticado como un problema normal del envejecimiento, las crecientes molestias en la pierna de mi padre, resultó ser un agresivo linfoma de células T en el sistema nervioso central que atacó su médula espinal y luego su cerebro. A mi regreso de Dar es Salaam pasé meses visitándolo en el hospital en Nueva York, viendo cómo intentaba heroicamente conservar tanto la esperanza como la conciencia, hasta que ambas terminaron por sucumbir al cáncer. Nunca olvidaré el valor y la ecuanimidad con la que recibió la noticia de que su cáncer era incurable y sólo tenía unas semanas o tal vez meses de vida. "Supongo que es hora de encarar lo inevitable", dijo.

Cuando se encontraba en un dolor agónico y al borde de la muerte, le pregunté cuánto tiempo creía que le quedaba. "Lo suficiente para recibir las instrucciones de aterrizaje", respondió, "o para saltar a la eternidad." Me había vuelto consciente de que la esperanza tiene límites, y aún me encontraba en un profundo duelo. La gentileza y la empatía de Jane fueron muy importantes para mí durante los meses brutales de la enfermedad y la muerte de mi padre.

Jane y yo nos reunimos esta vez en una vieja cabaña restaurada a mitad del bosque, en una reserva natural cerca de Utrecht. La casita era acogedora y estaba bien aislada del frío y el viento helado que sopla en buena parte de los Países Bajos durante el invierno. Nos sentamos frente a frente junto a la chimenea crepitante, mientras los rayos del sol se filtraban por la ventana.

Jane volvía de pasar cuatro días en su hogar familiar en Inglaterra, tras un largo viaje a Beijing, Chengdu, Kuala Lumpur, Penang y Singapur. A pesar de sus viajes constantes por todo el mundo, parecía llena de energía y ansiosa por empezar. Llevaba un suéter azul de cuello de tortuga y una chamarra verde, y sus manos descansaban sobre una cobija de lana gris.

—Gracias por tus condolencias —le dije. Jane me había escrito cuando mi padre finalmente falleció—. Lamento haber tenido que partir tan súbitamente.

—La parte triste fue la razón por la que tuviste que irte.

—Han sido unos meses difíciles —admití.

—Nunca te repones por completo. Es una pérdida inmensa —dijo Jane—. Supongo que la profundidad de nuestra tristeza es un recordatorio de la profundidad de nuestro amor.

Sonreí, conmovido por sus palabras.

El padre de Doug, Richard Abrams, varios años antes de su diagnóstico (Michael Garber).

—Fue un padre maravilloso.

Creo que en su lecho de muerte lo más importante para él fueron su corazón y su amor, más que su cabeza y su razón, y me pregunté por qué el intelecto humano era para Jane una de las razones para la esperanza. En todo caso, al presenciar cómo las neuronas de mi padre, que alguna vez habían disparado al unísono, se desmoronaban para dar paso al *delirium*, me impresionó lo frágil que es nuestra conciencia. Nuestra mente parecía tan delicada y tan falible.

Nos sentamos en silencio un momento, honrando el recuerdo de mi padre y de todas las personas que hemos perdido. Y comenzamos.

—¿Por qué el intelecto humano es una de tus razones para la esperanza? —pregunté.

De simios prehistóricos a amos del mundo

—Ah, pues es lo que nos distingue de los chimpancés y de otros animales —explicó Jane—, el desarrollo vertiginoso de nuestro intelecto.

—¿A qué te refieres exactamente con intelecto?

—La parte de nuestro cerebro que razona y soluciona problemas.

En una época los científicos pensaban que estas características eran exclusivas de los humanos. Jane es una de las personas que más ha contribuido a demostrar que la inteligencia existe en un continuo en todos los animales, incluyendo a los humanos. Le mencioné esto a Jane.

—Sí, hoy sabemos que los animales son mucho, mucho más inteligentes de lo que la gente pensaba —respondió—. Los chimpancés y los otros grandes simios pueden aprender cuatrocientas palabras o más en lengua de señas estadunidense, resolver problemas complejos en una computadora y, como otros animales, incluyendo a los cerdos, les encanta pintar y dibujar. Los cuervos son sorprendentemente inteligentes, igual que los pericos. Las ratas son increíblemente listas.

—Recuerdo que también me contaste en Tanzania que los pulpos son extraordinariamente astutos y pueden resolver toda clase de problemas, aunque sus cerebros tienen una estructura muy distinta a la de los cerebros mamíferos —comenté.

Jane rio.

—¡De hecho, tienen un cerebro en cada uno de sus ocho brazos! Mira, otro dato que te va a gustar: al parecer puedes enseñarles a los abejorros a hacer rodar una pelotita hasta un agujero a cambio de una gota de néctar como recompensa. Y lo que es aún más notable, otras abejas que no han sido entrenadas pueden realizar la misma tarea sólo observando a las entrenadas. Todo el tiempo aprendemos nuevas cosas, y siempre les digo a mis alumnos que es una época fantástica para estudiar la inteligencia animal.

—Entonces, ¿qué es lo que distingue nuestro intelecto del de los demás animales? —pregunté.

Muchos animales expresan su inteligencia a través del arte. Pigcasso, originalmente destinada a convertirse en jamón y tocino, fue rescatada por Joanne Lefson y le enseñaron a pintar. Le gusta tener una buena vista cuando trabaja; en el fondo se ve la montaña de la Mesa. Sus pinturas se venden por miles de dólares (www.pigcasso.org).

—Aunque los chimpancés, nuestros parientes más cercanos, pueden resolver muy bien toda clase de pruebas de inteligencia, hasta el más brillante de los chimpancés es incapaz de diseñar ese cohete del que salió un robot programado para arrastrarse por la superficie del Planeta Rojo, Marte, tomando fotos para que los científicos en la Tierra puedan estudiarlo. Los humanos hemos hecho cosas increíbles. Digo, piensa en Galileo y Leonardo da Vinci y Lineo, y Darwin y Newton y su manzana; piensa en las pirámides y en algunas grandes obras arquitectónicas y en nuestro arte y nuestra música.

Jane hizo una pausa, y yo me puse a pensar en todas las personas brillantes que inventaron teorías y construyeron edificios fabulosos sin las sofisticadas herramientas que tenemos hoy y que no tuvieron acceso al conocimiento que hemos ido forjando desde el pasado. Jane interrumpió mis cavilaciones.

—¿Sabes, Doug? Cada vez que veo una luna llena en el cielo tengo la misma sensación de maravilla y de asombro que sentí ese día histórico de 1969, en el que Neil Armstrong se convirtió en el primer humano en pisar la Luna, seguido de cerca por Buzz Aldrin. Y pienso: "¡Guau! ¡Los seres humanos sí caminamos allí!". Cuando doy conferencias siempre le digo a la gente que la próxima vez que vean la luna traten de cautivar ese sentimiento de asombro. Que no lo den por hecho.

"De modo que, sí —continuó Jane—, honestamente pienso que la explosión del intelecto humano fue lo que llevó a una especie más bien débil y ordinaria de simios prehistóricos a convertirse en los autodenominados amos de la Tierra.

—Pero si somos mucho más inteligentes que otros animales, ¿cómo es que hacemos tantas estupideces? —pregunté.

—¡Ah! —respondió Jane—. Por eso dije "intelecto" en vez de "inteligencia". Un animal inteligente no destruiría su único hogar, que es lo que llevamos mucho tiempo haciendo. Por supuesto, algunas personas son notablemente inteligentes, pero muchas no lo son. Nos bautizamos como *Homo sapiens*, el "hombre sabio", pero desgraciadamente, hoy por hoy, no hay suficiente sabiduría en el mundo.

—¿Pero somos astutos y creativos? —apunté.

—Sí, sí, somos muy astutos y muy creativos. Y como todos los primates y muchos otros animales, somos criaturas muy curiosas. Y nuestra curiosidad, de la mano de nuestro intelecto, nos ha llevado a hacer magníficos descubrimientos en muchas áreas, porque nos gusta descubrir cómo funcionan las cosas y por qué, y extender siempre los límites de nuestra comprensión.

—¿Y qué crees que marcó la diferencia? —pregunté—. ¿Por qué los cerebros humanos evolucionaron más allá de los chimp...?

—El lenguaje —se adelantó Jane, anticipando mi pregunta—. En algún momento de nuestra evolución, desarrollamos esta capacidad para comunicarnos con palabras. Nuestro dominio del lenguaje nos permitió enseñar sobre cosas que no estaban presentes. Pudimos transmitir la sabiduría obtenida gracias a los éxitos y los errores del pasado. Pudimos planear para el futuro lejano. Y lo más importante, pudimos reunir a personas de diferentes contextos y con distintos conocimientos para tratar de resolver problemas.

Me intrigó que Jane creyera que el lenguaje fue lo que condujo a la explosión del intelecto humano, porque, curiosamente, mientras me encontraba investigando sobre la ciencia de la esperanza, descubrí que tanto el lenguaje como la fijación de metas y la esperanza parecen surgir en la misma área del cerebro: la corteza prefrontal, ubicada justo detrás de la frente y la de más reciente evolución. Esta región es más voluminosa en los humanos que en otros grandes simios.

Durante un tiempo hablamos sobre los grandes logros de la humanidad, como el diseño de máquinas que nos permiten surcar los aires y viajar bajo el mar, y la tecnología que nos permite comunicarnos de forma casi instantánea con gente al otro lado del planeta.

—Entonces es muy extraño, ¿no?, que nuestro sorprendente intelecto humano también nos haya metido en este lío —dije—. Este intelecto ha creado un mundo en desequilibrio. Hasta podría decirse que el intelecto humano fue el peor error de la evolución: un error que ahora amenaza toda la vida en el planeta.

—Sí, sin duda hemos hecho un desastre —aceptó Jane—. Pero lo que causó el desastre fue la forma en la que usamos el intelecto, no el intelecto *per se*. Lo que nos ha llevado a usar nuestro intelecto de manera tan desafortunada es una mezcla de codicia, odio, miedo y ansias de poder. Pero la buena noticia es que un intelecto lo suficientemente grande para crear armas nucleares e inteligencias artificiales también debería ser capaz de encontrar formas de sanar las heridas que le hemos causado a este pobre planeta. Y en efecto, ahora que cobramos más y más conciencia sobre las consecuencias de nuestros actos, hemos comenzado a usar nuestra creatividad e inventiva para enmendar el daño. Ya existen algunas soluciones innovadoras, incluyendo las energías renovables, la agricultura regenerativa y la permacultura, el impulso hacia una dieta de base vegetal, y muchas otras, que buscan crear una nueva manera de hacer las cosas. Y como individuos también comenzamos a reconocer que debemos dejar una huella ecológica más ligera, y estamos pensando en formas de lograrlo.

—¿Así que nuestro intelecto no es bueno o malo, sino que depende de cómo decidimos usarlo: para hacer del planeta un mejor lugar o para destruirlo?

—Sí, allí es donde nuestro intelecto y nuestro uso del lenguaje nos distinguen de otros animales. Somos al mismo tiempo mejores y peores, porque tenemos la capacidad de elegir —Jane sonrió—. Somos mitad santos y mitad pecadores.

Mitad santo, mitad pecador

—¿Quién gana al final: el bien o el mal? —pregunté—. ¿Somos cincuenta y un por ciento buenos o cincuenta y un por ciento malvados?

—Bueno, hay mucha evidencia a favor de ambos lados del debate, pero creo que estamos divididos justo a la mitad —respondió Jane—. Los humanos somos increíblemente adaptables y hacemos lo que se necesite para sobrevivir en nuestro medio ambiente. El entorno que creamos determina lo que prevalece. En otras palabras, ganan las cosas que promovemos y fomentamos.

Es extraño sentir que tu mundo se pone de cabeza. Me sentía desorientado, como ocurre cuando logras ver el mundo bajo una luz distinta.

Lo que hasta entonces llamaba el bien y el mal no eran más que las cualidades de amabilidad y crueldad, generosidad y egoísmo, ternura y agresión con las que evolucionamos para sobrevivir en distintos entornos y bajo diferentes circunstancias. Como había dicho Jane, hacemos lo que sea necesario para sobrevivir en el mundo. Si vivimos en una sociedad con una calidad de vida razonablemente buena y bajos niveles de injusticia social es posible que prevalezcan los aspectos generosos y pacíficos de nuestra naturaleza; si vivimos en una sociedad con discriminación racial e injusticia económica, la violencia será la que domine.

—Pues sí —respondió Jane cuando compartí estos pensamientos con ella—, creo que eso es cierto en buena medida. Piensa en los genocidios que ocurrieron tanto en Ruanda como en Burundi, donde la mezcla étnica de hutus y tutsis es la misma. Tras el genocidio en Ruanda llovió la ayuda internacional gracias a la visita del presidente Bill Clinton. Pero Burundi fue básicamente ignorada. Como resultado, Ruanda ha sido capaz de desarrollar su infraestructura con caminos y hospitales, se han instalado empresas internacionales y los hutu y los tutsi parecen vivir en paz. En Burundi, por el contrario, no pasó nada de esto y hasta el día de hoy sigue habiendo episodios periódicos de violencia y derramamiento de sangre.

"Pero tenemos que recordar que una sociedad está hecha de personas, y siempre hay personas que buscan el cambio. Muchos ciudadanos burundianos buscan crear una sociedad más pacífica. Las sociedades sólo parecen estables cuando las dirige un gobierno autocrático. Piensa en los conflictos étnicos que emergieron tras la caída de la Unión Soviética.

—¿Crees que seamos capaces de crear una sociedad armoniosa y pacífica? ¿Qué pasa con nuestras tendencias agresivas?

Jane sacudió la cabeza.

—El comportamiento agresivo es, casi con certeza, parte de nuestra constitución genética desde los ancestros homínidos más lejanos. Ya sabes que la razón por la que Leakey me mandó a Gombe fue porque creía que los humanos y los chimpancés tenemos un ancestro común que vivió hace unos cinco o siete millones de años, y que si encontraba conductas similares (o idénticas) entre los chimpancés y los humanos modernos, sería porque probablemente se originó en un ancestro con rasgos simiescos y rasgos humanos y se conservó a lo largo de nuestros caminos evolutivos divergentes. Y esto le daría una mejor idea de cómo los humanos primitivos (cuyos restos fosilizados había descubierto en varias regiones de África) pudieron haberse comportado. Cosas como besarse, abrazarse y la creación de lazos entre parientes. Además, y esto es relevante para la pregunta que hiciste, hay patrones de agresión muy similares, que incluyen una forma de guerra primitiva entre grupos vecinos.

Recuerdo que Jane me había contado que le recomendaron restarle importancia a las conductas agresivas de los chimpancés, porque por entonces, en la década de 1970, muchos científicos trataban de convencer a la gente de que el comportamiento agresivo era aprendido: la controversia de la naturaleza contra la crianza.

—Por suerte, gracias a nuestro extraordinario intelecto y nuestra capacidad para comunicarnos con palabras —continuó Jane—, hemos sido capaces de ir más allá de las respuestas agresivas puramente emocionales de otros animales y, como dije, tenemos la capacidad de tomar decisiones conscientes sobre cómo reaccionamos en diferentes situaciones. Y las decisiones que tomamos reflejan, en parte, lo que aprendimos como niños; esto depende del país y de la cultura en los que nacimos.

"Sospecho que los niños pequeños de todas las latitudes tienden, cuando están enojados, a pegarle a aquello que los hizo enfadarse. A mi hermana Judy y a mí nos enseñaron que estaba mal golpear, patear y morder a otros niños. Así adquirimos los valores morales de nuestra sociedad: esto está bien y esto está mal; esto es correcto y esto es incorrecto. Lo malo y lo incorrecto se castigaban (verbalmente), y lo bueno y lo correcto se recompensaban.

—Así que los niños aprenden los valores morales de su sociedad —dije.

—Sí, y esto hace que la agresión humana sea peor que la de otras especies, porque podemos actuar en forma agresiva sabiendo sin duda que es moralmente incorrecto... al menos, los que creemos que es moralmente incorrecto. Por ello creo que los humanos somos los únicos seres en verdad capaces de hacer el mal; sólo nosotros podemos sentarnos y encontrar formas de torturar a otras personas, de infligir dolor. De una crueldad horrorosa, cuidadosamente planeada.

Yo sabía que éste era un tema que atormentaba a Jane. Creció en Inglaterra en los años en los que el Holocausto ocurría en la Europa ocupada por los alemanes, y la conmocionó descubrir sus horrores. Se encontraba en Gombe cuando ocurrieron los genocidios de Ruanda y Burundi. Burundi se encuentra justo al norte de Gombe. Algunas personas, cerca de la frontera entre Tanzania y Burundi, contaban que vieron la sangre de los burundianos asesinados en el lago, y muchos refugiados que huían de la violencia en Burundi se instalaron en las colinas a espaldas de Gombe. Jane escuchó historias horripilantes sobre la salvaje crueldad de la que escapaban.

Ella también estaba en Gombe cuando un grupo armado de la República Democrática del Congo (RDC) secuestró a cuatro de sus estudiantes en medio de la noche, y mucho después también estuvo en Kinshasa, la capital de la RDC, cuando ocurrieron disturbios callejeros frente a la casa en la que se alojaba y un soldado fue asesinado justo bajo su ventana. Y estaba en Nueva York el 11 de septiembre, cuando los terroristas estrellaron dos aviones contra las Torres Gemelas.

Ha visto el rostro del mal; entiende muy bien el lado oscuro de nuestra naturaleza. Pero Jane, siendo Jane, siempre se apresura a ver un contexto más amplio.

—De todos modos —dice, como respondiendo a sus propios pensamientos pesimistas—, aunque hay mucha violencia y mucho mal en el mundo, desde una perspectiva histórica podemos ver una multitud de cambios para bien. Piensa, por ejemplo, que estamos en los Países Bajos. Hace menos de cien años, durante la Segunda Guerra Mundial, esta tierra estaba empapada en sangre de los británicos y los alemanes que combatían aquí. Hace poco me encontré con unos amigos alemanes, y les pregunté si no les parecía raro que pudiéramos estar allí juntos, ser grandes amigos, cuando nuestros padres se mataban unos a otros. Y que ahora tuviéramos la Unión Europea —dijo Jane—. Todos esos países en guerra hoy día están unidos por el bien común. Es una gran señal de esperanza. Sí, tuvimos el Brexit, que es un retroceso, pero es improbable que se declare la guerra con la Unión Europea próximamente.

Me sentí inspirado por el optimismo que mostraba Jane sobre la dirección de la historia humana, y nuestra creciente capacidad para prevenir guerras a gran escala.

—Pero ¿no te preocupa que por todo el mundo estén surgiendo líderes autoritarios? —le pregunté—. ¿Y todos los conflictos internos, el ascenso del nacionalismo...? Hasta el fascismo está ganando terreno: los neonazis se fortalecen en Estados Unidos e, increíblemente, en Alemania. Y encima están ocurriendo tantos conflictos, hay tanta violencia: balaceras en las escuelas, guerras de pandillas, violencia doméstica, racismo y sexismo... ¿Cómo puedes tener esperanza en el futuro?

—A ver, para empezar, creo que durante los dos millones de años que llevamos siendo humanos nos hemos ido volviendo más solidarios y compasivos. Y aunque por todos lados hay mucha crueldad e injusticia, existe un consenso generalizado en que estas conductas están mal. Cada vez hay más gente que se entera de lo que sucede gracias a los medios y, a fin de cuentas, honestamente, creo que hay un porcentaje mayor de personas que son fundamentalmente amables y decentes.

"Y otra cosa, Doug. Del mismo modo que somos la única especie capaz de hacer el mal de verdad —añadió Jane—, también creo que somos los únicos capaces de un genuino altruismo.

Un nuevo código moral universal

—Un chimpancé —siguió Jane— puede tratar de ayudar a otro que está en problemas, pero creo que nosotros somos los únicos capaces de realizar un acto altruista aun estando conscientes de que podemos salir lastimados. Sólo nosotros podemos decidir que ayudaremos a alguien a sabiendas de que nos ponemos en peligro. El altruismo genuino es cuando ayudas a alguien aunque intelectualmente conoces el peligro que corres. Piensa en los alemanes que ayudaron a judíos a escapar de la Alemania nazi, incluso escondiéndolos en sus casas. Sabían que si los atrapaban el castigo sería la muerte… y con frecuencia pagaron este precio.

—En la década de 1970 había una teoría sociobiológica muy popular entre los científicos que explicaba que el altruismo no es más que una forma de asegurar la supervivencia de tus propios genes —dije—. Así que si mueres ayudando a los miembros de tu familia está bien, porque tus genes pasan a las generaciones futuras. Pero creo recordar que tú no estás de acuerdo.

—Veamos. Aunque es cierto dentro de lo que cabe —afirmó Jane—, la investigación se basó en el comportamiento colaborativo de los insectos sociales. Pero los humanos no sólo ayudamos a nuestros parientes, sino a otros en nuestro grupo. Y también ayudamos a individuos con los que no podemos estar emparentados.

"Cuando se descubrió que hay otros animales que también ayudan a individuos que no son sus parientes, se propuso la teoría del altruismo recíproco: tú ayudas a alguien con la esperanza de que en su momento te ayude a ti. Pero aunque estas teorías pueden explicar el origen evolutivo del comportamiento altruista, nuestro intelecto y nuestra imaginación nos permiten ser altruistas de formas más incluyentes. Los humanos ayudamos a otros aunque esto no represente un impacto positivo sobre nuestras propias vidas. Cuando vemos una fotografía de niños desnutridos, podemos imaginar cómo se sienten y deseamos ayudarlos. La fotografía desencadena nuestra lástima, nuestra empatía. La mayor parte de la gente se siente así aunque aquellos que despiertan su lástima pertenezcan a una cultura diferente. Las fotografías (o incluso las descripciones) de refugiados de guerra apiñados en una tienda endeble durante el invierno, o las víctimas de terremotos hambrientas y desamparadas, crean una emoción visceral: dolor. Me refiero a un dolor psicológico. Y no importa si son europeos, africanos o asiáticos, jóvenes o viejos. Recuerdo cómo lloré la primera vez que leí *La cabaña del tío Tom*. Cómo odié a ese esclavista cruel y a todos los otros que infligieron esta clase de dolor y sufrimiento. Igual que odié a los nazis alemanes durante la guerra.

Tras una pausa, Jane me reveló que fue sólo en ese instante, allí sentada conmigo en la cabaña en ese bosque holandés, que entendió de pronto cómo la compasión por las víctimas de la opresión puede conducir al odio por el opresor. Y allí tienes la receta para la violencia recíproca y las luchas internas como la de Ruanda y Burundi.

—¿Dices que tenemos que encontrar la manera de perdonar a los opresores? —pregunté, un poco escéptico de esta capacidad de perdonar o sentir compasión por el opresor.

—Sí, supongo que deberíamos. Tenemos que considerar la forma en la que fueron criados, el código de ética que les enseñaron de niños.

Le conté cómo el arzobispo Tutu presidió la Comisión de Verdad y Reconciliación de Sudáfrica para evitar que este país regresara a la guerra civil. Él dijo que el perdón es nuestra forma de romper nuestras cadenas con el pasado. Hay que elegir el ciclo del perdón en vez del de la venganza.

—Sí, Doug —Jane continuó, de pronto animada otra vez—, pero esto demuestra la importancia del lenguaje. Podemos discutir estos problemas. Podemos enseñarles a nuestros hijos la importancia de ver un problema desde distintos ángulos. Para mantener una mente abierta. Para elegir el perdón en vez de la venganza.

El día menguaba. Traté de leer la expresión en el rostro de Jane, pero la ocultaba la débil luz de la tarde. Sentí que Jane me conducía, paso a paso, hacia una comprensión más profunda de cómo encontrar un mejor camino para seguir adelante. Pero yo me sentía escéptico ante las soluciones fáciles.

—Entonces, ¿qué tiene que pasar? —pregunté—. ¿Cómo hacemos para convertirnos en criaturas mejores, más compasivas, más pacíficas?

Jane nos servía whisky mientras consideraba mi pregunta.

—Necesitamos un nuevo código moral *universal* —dijo riendo de pronto—. Pensé ahora que todas las religiones principales hablan y hablan de la regla de oro: *Trata a tu prójimo como quieras ser tratado*. Así que es fácil: allí está nuestro código moral universal. ¡Sólo tenemos que descubrir cómo persuadir a la gente para que lo siga! —suspiró—. Parece imposible, ¿no? Si piensas en todos nuestros defectos humanos. Avaricia. Egoísmo. Ambición de poder y riqueza.

—Sí —respondí. Y luego añadí, con ironía—: Después de todo, sólo somos humanos.

Jane bebió un sorbito. Rio y luego dijo:

—Yo creo que vamos en la dirección correcta.

—Entonces, ¿en verdad crees que nos estamos volviendo más empáticos?

—La verdad, Doug, creo que la mayor parte de la gente sí. Lamentablemente, los medios le dedican mucho espacio a cubrir las cosas horribles y detestables que suceden, y poco a reportar las cosas buenas y generosas que pasan. Piénsalo desde una perspectiva histórica: hace no mucho, en Inglaterra se obligaba a las mujeres y a los niños a trabajar en las minas en condiciones espantosas. Los niños andaban descalzos por la nieve. La esclavitud se aceptaba y justificaba en muchas zonas de Estados Unidos... y también de Inglaterra.

"Desde luego, todavía hay muchos niños que viven en la pobreza, aún existe la esclavitud en muchas partes del mundo y hay discriminación racial y de género, salarios de hambre y muchos otros males, pero cada vez más personas están convencidas de que esto es moralmente inaceptable, y existen más grupos que trabajan duramente para resolver éstos y otros problemas. El régimen del *apartheid* llegó a su fin en Sudáfrica. El sometimiento colonial terminó con el fin del Imperio británico. Poco a poco se han transformado las actitudes hacia las mujeres en muchos países. El otro día me sorprendió enterarme de cuántas mujeres han alcanzado posiciones importantes en gobiernos de todo el mundo. Y hay muchísimos abogados enfrentándose a la injusticia, defendiendo los derechos humanos... además, en cada vez más países los abogados y los grupos de interés especial pelean también por los derechos de los animales.

Reflexioné sobre esto. En efecto, todos los ejemplos que había dado Jane representaban avances hacia una mejor ética global. Pero me venían a la mente todos los pasos hacia atrás que hemos dado en los últimos años, y lo mucho que aún nos falta. Compartí estas ideas con Jane; mencioné que los niños migrantes son horriblemente separados de sus padres en la frontera México-Estados Unidos, colocados básicamente en jaulas y luego enviados a "escuelas" en los desiertos. Y la multiplicación de las personas sin hogar y de las que se van a la cama con hambre.

—Y ya hemos mencionado el perturbador aumento del nacionalismo —añadí.

—Sí, ya sé —respondió Jane—. Y es bastante parecido en el Reino Unido y muchos otros países. Es muy deprimente.

—Creo que a esto se refería el presidente Barack Obama cuando afirmó que la historia se mueve en "zigzag" y no en línea recta.

—Es fácil sentir que vamos zigzagueando hacia atrás —dijo Jane—. Pero es importante que pensemos en las protestas que han rendido frutos y las campañas que han logrado su objetivo. Gracias al internet...

Estuve a punto de interrumpir a Jane, pero ella se soltó a reír.

—¡Sí, ya conozco las desventajas de esta tecnología, y en especial de las *fake news*! Pero igual que nuestro intelecto, las redes sociales por sí mismas no son buenas ni malas, lo que cuenta es cómo las usamos.

Una vez le pregunté al arzobispo Tutu, cuya postura contra el *apartheid* había cambiado la historia de Sudáfrica, qué pensaba sobre el progreso humano. Esto fue inmediatamente después de los bombazos en París, y muchas personas se sentían desesperanzadas de la humanidad. Él dijo que la historia da dos pasos adelante y uno atrás. Justo un mes después el mundo se unió para ratificar el Acuerdo de París por el clima. Nunca olvidaré la otra cosa que dijo: "Volvernos plenamente humanos toma su tiempo". Tal vez se refería a que tardamos en evolucionar moralmente.

Jane pensó en esto durante un rato.

—Tal vez necesitemos evolucionar durante mucho tiempo antes de darnos cuenta de que no alcanzaremos todo nuestro potencial humano a menos que la cabeza y el corazón trabajen juntos. Fue el genio Linneo el que le dio a nuestra especie el nombre de *Homo sapiens*, el hombre sabio...

—Está claro —la interrumpí— que no estamos haciéndole justicia a nuestro nombre. Ya mencionaste que somos intelectualmente astutos, pero no sabios. ¿Cómo entiendes entonces la "sabiduría"?

El simio ¿sabio?

Jane se quedó pensativa un momento, ordenando sus pensamientos.

—Creo que la sabiduría implica usar nuestro poderoso intelecto para reconocer las consecuencias de nuestras acciones y para pensar en el bienestar del conjunto. Por desgracia, Doug, hemos perdido la perspectiva a largo plazo, y estamos padeciendo las consecuencias de la idea, absurda y muy poco sabia, de que un planeta con recursos naturales limitados puede soportar un desarrollo económico ilimitado: nos hemos concentrado en los resultados o ganancias a corto plazo a expensas de nuestros intereses a largo plazo. Y si seguimos por este camino... pues no quiero ni pensar lo que va a suceder. Definitivamente, ésta no es la conducta de un "simio sabio".

"Cuando toma decisiones, la mayor parte de la gente piensa: '¿Esto es bueno ahora mismo para mí o para mi familia, para la próxima junta de accionistas o para la siguiente campaña electoral?'. Por el contrario, el sello distintivo de la sabiduría es preguntarse: '¿Qué efectos va a tener la decisión que tome hoy en las futuras generaciones? ¿O sobre la salud del planeta?'.

"Aquellos en el poder que suprimen a ciertos sectores de la sociedad muestran la misma falta de sabiduría. En Estados Unidos y el Reino Unido es una vergüenza la manera en la que ciertos sectores de la sociedad son mantenidos deliberadamente en la ignorancia y la marginación. Y luego llega el momento en el que finalmente el resentimiento y el enojo de estas personas hacen erupción y exigen cambios. Quieren mejores salarios, mejores servicios de salud o mejores escuelas. Y esto puede conducir a la violencia y el derramamiento de sangre. Piensa en la Revolución francesa. O en la Guerra Civil estadunidense, producto de la lucha contra la esclavitud. Tú y yo conocemos muchos ejemplos históricos de grupos de personas enojadas que se unen y usan la violencia para derrocar estructuras política o socialmente opresivas.

Pensé en los costos de nuestra falta de sabiduría y en nuestros esfuerzos por reparar nuestros errores y aprender de ellos. Le pregunté a Jane:

—¿Crees que alguna vez usemos correctamente nuestro intelecto?

—Pues mira, no creo que llegue una época en la que todos lo usen correctamente. ¡Siempre habrá pecadores entre nosotros! Pero insisto en que más y más personas luchan por la justicia y que en términos generales la humanidad tiene al menos una noción compartida sobre el significado de la justicia.

Encendimos más luces en la habitación, porque afuera estaba muy oscuro y las brasas se estaban apagando. Se había acabado el whisky, pero teníamos que resolver otro acertijo. ¿Cómo usar con sabiduría nuestro poderoso intelecto? Le planteé la pregunta a Jane.

—Pues si alguna vez vamos a hacerlo, y ya mencioné que creo que el corazón y la cabeza deben actuar en conjunto, ahora es el momento de probar que somos capaces. Porque si no actuamos sabiamente ahora para reducir el ritmo del calentamiento global y la pérdida de diversidad vegetal y animal, tal vez sea demasiado tarde. Tenemos que trabajar juntos y solucionar estos peligros existenciales para la vida en la Tierra. Y para hacerlo, debemos resolver cuatro grandes desafíos, me los sé de memoria porque suelo hablar de ellos en mis conferencias.

"En primer lugar, tenemos que aliviar la pobreza. Si vives en la pobreza abyecta, claro que vas a podar hasta el último árbol para plantar comida. O pescarás el último pez porque estás desesperado por alimentar a tu familia. En un área urbana, compras la comida más barata: no puedes darte el lujo de elegir productos de manufactura ética.

"En segundo lugar, debemos eliminar los estilos de vida insostenibles de las personas más ricas. Seamos realistas: muchísima gente tiene muchas más cosas de las que necesita o incluso de las que desea.

"En tercer lugar, tenemos que eliminar la corrupción, porque sin un buen gobierno y sin liderazgos honestos, no podemos trabajar en equipo para resolver nuestros enormes desafíos sociales y ambientales.

"Y finalmente, debemos hacer frente a los problemas provocados por el crecimiento de las poblaciones humanas y su ganado. Hoy vivimos en este planeta más de siete mil millones de personas, y en muchos lugares ya agotamos los recursos naturales finitos mucho más rápido de lo que podemos reponerlos. Al parecer, en 2050 estaremos cerca de los diez mil millones de personas. Si seguimos como vamos, será el fin de la vida en la Tierra como la conocemos.

—Uf, ésos son unos retos formidables —exclamé.

—En efecto, pero no son insuperables si usamos el intelecto humano, así como el simple y llano sentido común, para resolverlos. Y, como dije antes, estamos empezando a ver avances. Por supuesto, una gran parte de nuestro embate contra la Madre Naturaleza no se debe realmente a una falta de inteligencia, sino a una falta de compasión por las generaciones futuras y la salud del planeta: pura codicia egoísta que sólo se concentra en los beneficios a corto plazo para multiplicar la riqueza y el poder de individuos, empresas y Estados. El resto se debe a la imprudencia, la falta de educación y la pobreza. En otras palabras, parece existir una desconexión entre nuestros cerebros astutos y nuestro corazón compasivo. La verdadera sabiduría requiere tanto de pensar con la cabeza como de comprender a nuestros corazones.

—¿Perdemos parte de nuestra sabiduría cuando nos desconectamos del mundo natural? —pregunté.

—Creo que sí. Las culturas indígenas siempre han tenido un vínculo estrecho con el mundo natural. En los pueblos indígenas, hay muchos chamanes y curanderos sabios, mucho conocimiento sobre los beneficios de vivir en armonía con el mundo natural.

—¿Qué cosas hemos olvidado, o hemos elegido ignorar?

Estamos aprendiendo cosas maravillosas sobre los árboles, cómo se comunican bajo tierra e incluso cómo se ayudan unos a otros (Instituto Jane Goodall/ Chase Pickering).

—Que en todas las formas de vida hay inteligencia —respondió Jane—. Creo que las personas indígenas lo perciben cuando dicen que los animales y los árboles son sus hermanos y hermanas. Me gusta pensar que nuestro intelecto humano es parte de la Inteligencia que condujo a la creación del universo. ¡Piensa en los árboles! Hoy sabemos que pueden comunicarse información unos a otros mediante redes subterráneas de raíces y las delgadas hebras blancuzcas de los microhongos pegadas a ellas.

Yo conocía el trabajo de Suzanne Simard, una de las ecólogas que hizo este fantástico descubrimiento. Bautizó a esta red la *wood wide web*,* porque todos los árboles de un mismo bosque están conectados bajo tierra. A través de esta red, los árboles pueden recibir información sobre su parentesco, su salud y sus necesidades.

Jane y yo hablamos durante un rato sobre estos emocionantes descubrimientos, y ella me contó sobre el silvicultor alemán Peter Wohlleben, que también busca divulgar los secretos poco conocidos de los árboles.

—Es interesante —reflexionó Jane— que tanto Peter como Suzanne hayan comenzado como silvicultores, gestionando bosques para que pudieran explotarse de formas más redituables. Peter renunció a su empleo de quince años cuando descubrió que a un bosque que adoraba le iba muy bien por su cuenta, casi sin manejo humano. Entonces decidió consagrarse a proteger, y entender, ese bosque. Escribió un libro: *La vida secreta de los árboles*. De verdad creo que este libro hizo por los árboles lo que *In the Shadow of Man* (*En la sombra del hombre*) hizo por los chimpancés.

—Sí, y Suzanne escribió ahora un libro titulado *En busca del árbol madre*, que está teniendo un impacto similar —añadí.

Jane miraba hacia fuera, a las ramas de un árbol justo del otro lado de la ventana, iluminado tenuemente por las luces de nuestra cabaña. Le pregunté qué estaba pensando.

* Juego de palabras con *world wide web* que sustituye la palabra *world* (mundo) con *wood* (madera).

—Me siento maravillada y asombrada por este mundo maravilloso en el que vivimos. La verdad es que lo estamos destruyendo antes de terminar de aprender sobre él. Creemos que somos más listos que la naturaleza, pero no es verdad. Nuestro intelecto humano es sorprendente, pero tenemos que ser humildes y reconocer que existe una inteligencia aún mayor en la naturaleza.

—¿Confías en que podamos volver a encontrar nuestro camino hacia la sabiduría de la naturaleza? —pregunté.

—Sí, pero de nuevo, sin la cabeza y el corazón trabajando juntos, sin astucia y compasión, el futuro se ve muy negro. Sin embargo, la esperanza es esencial, porque sin ella nos volvemos apáticos y seguiremos destruyendo el futuro de nuestros hijos.

—¿En verdad podremos restaurar todo lo que hemos dañado?

—¡Tenemos que hacerlo! —exclamó Jane con vehemencia—. Ya dimos los primeros pasos, y la naturaleza sigue aquí, esperándonos para regresar y ayudar a sanarse a sí misma. La naturaleza es extraordinariamente resiliente. Y recuerda, ¡es mucho más inteligente que nosotros!

Fue la transición perfecta hacia la segunda razón para la esperanza.

Razón 2: la resiliencia de la naturaleza

—Vamos a dar un paseo —dijo Jane la mañana siguiente. Nos pusimos nuestros abrigos y salimos. Nos recibió el aire helado del norte, que soplaba a través de los árboles de la reserva.

—Podemos preparar algo caliente cuando regresemos —me animó Jane cuando cerrábamos la puerta—. Es bueno dar al menos una caminata al día —añadió tras unos cuantos pasos—, aunque la verdad no me gusta salir a caminar sin un perro.

—¿Por qué?

—Los perros le dan un propósito a la caminata.

—¿Cómo es eso?

—Bueno, haces feliz a alguien.

Pensé en los perros rescatados en casa de Jane en Tanzania, y en cómo nunca se veía más feliz que cuando estaba rodeada de criaturas grandes y pequeñas.

Dimos una hermosa caminata alrededor de un pequeño lago, y Jane sirvió como mi guía de campo, señalando las cosas que había visto el día anterior. Los árboles estaban casi totalmente despojados de hojas; la tierra, en un sueño invernal.

Después de que habíamos caminado alrededor de treinta minutos, el sol se abrió paso entre las nubes e iluminó un inmenso árbol a lo lejos.

—Vayamos hasta ese árbol que ilumina el sol —propuso Jane—, y regresemos.

Me alegró la idea de ir hacia un rincón más tibio. El tronco del árbol estaba inclinado, producto de muchos años de sufrir el embate de los fuertes vientos.

Cuando llegamos, Jane puso la mano sobre el tronco musgoso de un magnífico roble de Turner.

—Éste es el árbol que quería venir a saludar... “Hola, árbol.”

El árbol nos escudó del viento y el sol cayó sobre nuestros rostros.

—Es hermoso —dije, tocando el musgo verde y esponjoso que Jane acariciaba con cariño. Jane me había contado que de niña tenía un fuerte vínculo con una haya de su jardín. Le gustaba treparla para leer allí sus libros del Doctor Doolittle y de Tarzán, por lo que desaparecía durante horas entre sus acogedoras frondas, mientras se sentía más cerca de las aves y del cielo.

—¿Le pusiste nombre a ese árbol?

—Sólo Haya —respondió Jane—. Lo quería tanto que convencí a mi abuela, a quien llamábamos Danny, de que me lo regalara cuando cumplí catorce años, e incluso escribí un testamento en el que me regalaba a Haya para que ella lo firmara. Usaba una canasta y un cordel largo para subir mis libros, y a veces incluso hacía mi tarea allí. Y soñaba con ir a vivir entre los animales salvajes.

—Sé que básicamente has estudiado animales, pero también aprendiste mucho sobre plantas cuando investigabas para escribir tu libro anterior, *Seeds of Hope* (*Semillas de esperanza*).

—Sí, y me encantó esa experiencia: qué mundo más maravilloso es el reino de las plantas. Y cuando lo piensas, sin flora no habría fauna, ¿cierto? No existiríamos los humanos. Toda la vida animal depende, en última instancia, de las plantas. Es un extraordinario tapiz viviente en el que cada pequeña puntada se mantiene en su lugar gracias a las que la rodean. Y todavía tenemos mucho que aprender: somos como niños en el bosque, en términos de lo que realmente entendemos sobre la naturaleza. Aún no empezamos a comprender la infinidad de formas de vida que viven en el suelo bajo nuestros pies. Piénsalo: las raíces de este árbol llegan muy profundo y saben cosas que nosotros no, pero se las cuentan a las ramas allí arriba sobre nuestras cabezas.

Cuando Jane recorría el árbol con la mirada, desde el suelo hasta lo alto de la copa, pude imaginarla vívidamente sobre Haya, mecida por el viento. También pensé cómo sus manos se ondulaban como pájaros en Tanzania al describir una parvada de estorninos, y que había dicho que un naturalista requiere empatía, intuición e incluso amor. Yo quería saber qué misterios había hallado en lo más profundo del mundo natural, y por qué esos descubrimientos le habían dado un sentido de paz y esperanza para el futuro que estaba desesperado por entender.

—Jane, dices que la resiliencia de la naturaleza te da esperanza. ¿Por qué?

Jane sonrió sin dejar de observar el enorme árbol frente a nosotros. Su mano aún descansaba en su antigua corteza nudosa.

—Creo que la mejor manera de responder tus preguntas es con una historia.

Ya había notado que Jane solía responder preguntas con historias, y se lo hice notar.

—Sí, he descubierto que las historias llegan mejor al corazón que los hechos o las cifras. La gente recuerda el mensaje de una historia bien narrada, aunque no retenga todos los detalles. En fin, pues quiero responder tu pregunta con una historia que comenzó ese terrible día de 2001, el 9/11, y con el colapso de las Torres Gemelas. Ese día en el que el mundo cambió para siempre, yo estaba en Nueva York. Todavía recuerdo la incredulidad, el miedo, la confusión en la ciudad que quedó en silencio, salvo por el sonido de las sirenas de las ambulancias y las patrullas en las calles desiertas.

Mi memoria se fue al día brutal en el que se vinieron abajo esos dos pilares del mundo moderno. Para mí, que crecí en Nueva York, los ataques fueron muy dolorosos y personales, pues todos teníamos amigos o parientes que estaban en las torres o en sus inmediaciones cuando ocurrieron los ataques. Pensé en el enorme cráter de la Zona Cero, en la destrucción, en el horror de todo aquello.

Jane continuó con su historia.

—Diez años después de ese día terrible me presentaron el Árbol Superviviente, un peral de Callery que descubrió una trabajadora de limpieza un mes después del colapso de las torres, aplastado entre dos bloques de cemento. Lo único que quedaba de él era medio tronco chamuscado, con las raíces rotas y una sola rama viva.

(Arriba) El Árbol Superviviente es rescatado de la Zona Cero con graves heridas. La mujer con el casco es Rebecca Clough, quien se dio cuenta de que el árbol seguía vivo. Rebecca fue la primera de muchas personas dedicadas que fueron esenciales para su rescate y supervivencia (Michael Browne).
(Abajo) El árbol hoy, creciendo sano en el Memorial y Museo del 9/11 (9/11 Memorial & Museum, fotografía de Amy Dreher).

"Casi lo mandan al basurero, pero la joven que lo encontró, Rebecca Clough, rogó que le dieran una oportunidad. Así que lo enviaron a un vivero en el Bronx para que lo cuidaran. Devolverle la salud a un árbol tan lastimado no fue tarea fácil, y durante un tiempo su vida pendió de un hilo. Pero con el tiempo se recuperó, y en cuanto estuvo lo suficientemente sano, regresó para ser plantado en lo que hoy es el Memorial y Museo del 9/11. En la primavera, sus ramas se cubren de brotes. Hoy las personas ya conocen su historia; he visto gente mirarlo y secarse las lágrimas. Es un auténtico símbolo de la resiliencia de la naturaleza, y un recordatorio de todo lo que perdimos en ese terrible día, hace veinte años.

Jane y yo nos quedamos en silencio, pensando en la resiliencia de ese árbol. Y luego Jane habló de nuevo.

—Hay otra historia de un árbol superviviente que en cierto sentido es aún más dramática —contó Jane—. En 1990 visité Nagasaki, la ciudad sobre la que se arrojó la segunda bomba atómica a finales de la Segunda Guerra Mundial. Mis anfitriones me mostraron fotografías de la absoluta y horripilante devastación de la ciudad. La bola de fuego que produjo la explosión nuclear alcanzó temperaturas equivalentes a las del Sol: millones de grados. Era como un paisaje lunar, o como imagino que se vería el Infierno de Dante. Los científicos predijeron que nada volvería a crecer allí en décadas. Pero sorprendentemente, sobrevivieron dos alcanfores de quinientos años de edad. Sólo quedó la mitad inferior de sus troncos, de los que casi todas las ramas fueron arrancadas. No quedó una sola hoja en los árboles mutilados. Pero seguían con vida.

"Me llevaron a ver a uno de los supervivientes. Ahora es un árbol muy grande, pero su grueso tronco tiene grietas y fisuras en las que se puede ver que está carbonizado por dentro. Sin embargo, cada primavera le crecen nuevas hojas. Muchos japoneses lo consideran un monumento sagrado a la paz y a la supervivencia; de sus ramas cuelgan oraciones escritas sobre pergamino en diminutos caracteres *kanji*, en recuerdo de todos los que murieron. Al estar frente a él, me sentí conmovida por la devastación que podemos provocar los humanos y por la increíble resiliencia de la naturaleza.

La voz de Jane estaba llena de asombro, y me di cuenta de que se encontraba muy lejos de allí, recordando aquel encuentro.

Me emocionaron mucho ambas narraciones, pero no entendía bien por qué las historias de estos árboles indomables eran una de las razones principales de Jane para tener esperanza en nuestro mundo y nuestro planeta.

—Pero ¿qué te dice la supervivencia de estos árboles sobre la resiliencia de la naturaleza en términos más generales?

—Pues mira, recuerdo un incendio muy grave que barrió con las planicies arboladas de Gombe, más arriba de sus valles boscosos. Todo quedó chamuscado y negro. Pero un par de días después, tras un pequeño aguacero, el área entera estaba

El árbol que sobrevivió a la bomba atómica que devastó Nagasaki, en Japón. Las grandes heridas negras en su tronco revelan lo mucho que sufrió. Sigue vivo y muchas personas en Japón lo consideran un ser sagrado (Meghan Deutscher).

tapizada del verde pálido del pasto tierno que se abría camino a través de la tierra carbonizada. Y un poco más adelante, cuando comenzó la temporada de lluvias en pleno, varios árboles que yo juraba que estaban totalmente muertos comenzaron a mostrar nuevas hojas. Una colina renació de sus cenizas. Por supuesto, vemos esta resiliencia en todo el mundo, pero no sólo en la flora: la fauna también puede regenerarse. Piensa en los eslizones.

—¿Los eslizones? —pregunté.

—Son unos lagartos que se desprenden de sus colas para distraer a los depredadores; éstos saltan sobre la cola, que se agita frenéticamente, mientras el eslizón escapa. En el muñón sanguinolento comienza a crecer de inmediato una nueva cola. Incluso vuelve a crecerles la médula espinal. Las salamandras desarrollan nuevas colas del mismo modo, y los pulpos y las estrellas de mar pueden regenerar sus brazos. ¡Las estrellas de mar hasta pueden almacenar nutrientes en un brazo desprendido, que las mantiene vivas mientras les crece un nuevo cuerpo y boca!

—Pero ¿no estamos llevando a la naturaleza a un punto de quiebre? ¿No llegará un momento en el que la resiliencia se vuelva imposible, un límite más allá del cual el daño infligido sea imposible de recuperar? —le pregunté a Jane. Pensaba en nuestras emisiones de gases de efecto invernadero, que atrapan el calor del Sol y que han provocado que las temperaturas alrededor del planeta aumenten 1.5 grados Celsius. Esto, además de la destrucción de hábitats, contribuye a una trágica pérdida de biodiversidad. Un estudio de 2019, publicado por la ONU, reporta que las especies se extinguen entre decenas y cientos de veces más rápido que en condiciones naturales, y que como resultado de la actividad humana podrían extinguirse un millón de especies de plantas y animales en las próximas décadas. Ya hemos arrasado con sesenta por ciento de los mamíferos, aves, peces y reptiles. Los científicos lo llaman la "sexta extinción".

Compartí mis temores con Jane.

—Sí, es verdad —reconoció—. En efecto, hay muchas situaciones en las que la naturaleza parece haber sido llevada al punto de quiebre por nuestro comportamiento destructivo.

—Sin embargo —repliqué—, aun así dices que tienes esperanza en la resiliencia de la naturaleza. Siendo sinceros, los estudios y las proyecciones sobre el futuro de nuestro planeta son muy sombríos, ¿en verdad puede la naturaleza sobrevivir el embate de la devastación humana?

—Pues mira, Doug, ésa es exactamente la razón por la que es tan importante escribir este libro. Todo el tiempo conozco personas, incluidas las que han luchado por proteger la naturaleza, que han perdido toda esperanza. Ven destruidos los lugares que han amado, fallan los proyectos en los que han trabajado, se revierten los esfuerzos para salvar áreas silvestres porque los gobiernos y las empresas dan preferencia a las ganancias inmediatas por encima de la protección del ambiente para las generaciones futuras... Y por todo esto, cada vez hay más personas de todas las edades que se sienten angustiadas y, a veces, profundamente deprimidas a causa de lo que ven que sucede.

—Hay un término para describirlo —mencioné—. Duelo ecológico.

El duelo ecológico

—Leí un reporte de la Asociación Psicológica Estadunidense —continué—, que descubrió que la crisis climática provoca todo un abanico de sentimientos en las personas, incluyendo desesperanza, depresión, miedo, fatalismo, resignación y lo que ahora llaman duelo ecológico o eco-ansiedad.

—El miedo, la tristeza y el enojo son reacciones perfectamente naturales a lo que está sucediendo —explicó Jane—. Y ninguna conversación sobre la esperanza estaría completa sin admitir el horrible daño que le hemos provocado al mundo natural, y sin reconocer el dolor y el sufrimiento que padecen quienes son testigos de las enormes pérdidas que están ocurriendo.

—¿Alguna vez sufres eco-ansiedad? —le pregunté.

—Con mucha frecuencia, y tal vez con más intensidad que otras personas. Recuerdo que un día de primavera hace unos diez años, me encontraba con ancianos inuit en el gran casquete polar de Groenlandia. Veíamos cómo caían cascadas de agua y se desprendían icebergs. Los ancianos inuit dijeron que cuando eran jóvenes el hielo nunca se derretía, ni siquiera en verano. Sin embargo, acababa de terminar el invierno. Lloraban. Fue entonces que el cambio climático, que hasta entonces era una idea abstracta, me golpeó de manera visceral. Cuando vi flotar balsas de hielo allí donde la capa de hielo debía ser firme y dura, me dolió hasta el alma la situación de los osos polares.

Al recordar su experiencia, el semblante de Jane se ensombreció.

—De allí volé a Panamá —continuó—, donde conocí a algunos de los pueblos indígenas que ya habían tenido que abandonar sus islas a causa del aumento en el nivel del mar provocado por el deshielo y el calentamiento del océano. Tuvieron que irse porque, durante la marea alta, sus casas estaban en peligro. Estas dos experiencias, tan próximas entre sí, provocaron un gran impacto en mí.

—Nos afecta de manera visceral ver transformados o destruidos para siempre los lugares que amamos —apunté.

—También hemos creado enormes incendios forestales en Australia, el Amazonas, el Oeste estadunidense e incluso el Círculo Polar Ártico —respondió Jane—. Es imposible no sentirse en duelo por el daño que hemos infligido, el sufrimiento de las personas y los animales salvajes.

Nueve meses después de esta conversación, comenzó la peor temporada de incendios de la historia moderna de California y otras partes del mundo. Alrededor de diez mil incendios calcinaron más de un millón y medio de hectáreas, equivalentes a cuatro por ciento del estado de California. Un incendio se acercó a quince kilómetros de mi casa en Santa Cruz, California. Sólo en mi zona, unas mil familias perdieron sus hogares. El aire fue irrespirable durante semanas; un día particularmente apocalíptico, el cielo permaneció oscuro porque el sol nunca logró abrirse paso por el aire, lleno de partículas suspendidas. Pasear por los bosques después del incendio, fue como visitar un paisaje lunar gris y cubierto de cenizas.

—Conozco a alguien —expliqué— que entiende muy bien cómo podemos enfrentarnos a nuestro dolor para poder sanar.

Le conté a Jane sobre Ashlee Cunsolo, quien trabaja con comunidades inuit que han sufrido los impactos del cambio climático en Nunatsiavut, en la península del Labrador en Canadá. Ashlee entrevistó a estas comunidades sobre lo que estaban perdiendo: el hielo se rompía, las temperaturas se elevaban, cambiaban las plantas y los animales y, de muchas formas distintas, desaparecía toda una forma de vida.

—Cunsolo registró todas estas historias de desesperanza y estaba procurando incluirlas en su tesis cuando comenzó a experimentar un dolor neurálgico que radiaba hacia sus brazos y manos. Era tan severo que no podía escribir a máquina ni trabajar.

"Fue con todos los especialistas médicos, pero no pudieron encontrar nada raro en sus nervios. Finalmente acudió con uno de los ancianos inuit, quien le dijo: 'No puedes dejar atrás tu pena. Tu cuerpo te impide escribir porque estás racionalizándola en vez de sentirla. Hasta que no puedas sacarla, tu cuerpo no va a funcionar'. Le dijo que debía darle espacio a su duelo y hablar sobre él. Y que también tenía que encontrar el asombro y la dicha cotidianos.

—¿Y qué hizo? —preguntó Jane.

—Se fue al bosque. Metió las manos en un río de agua helada y le pidió al agua que se llevara el dolor. Le pidió perdón a la tierra por el daño que ella y otros le estaban haciendo. Fue el momento de la verdad.

"Cunsolo me contó que sí pudo encontrar el asombro y la dicha en el bosque —continué—. Dijo que siempre ha habido belleza, incluso allí donde hay dolor y sufrimiento. Aprendió que no había que esconderse de la oscuridad; sólo aprender cómo no perderse en ella.

—¿Le ayudó? —preguntó Jane.

—Tras dos semanas de llorar y de dejar que la pena saliera de su cuerpo, su dolor neurálgico había desaparecido.

—Ésta es una historia extraordinaria y muy inspiradora. Hace eco de algo que siento muy profundamente dentro de mí —confesó Jane—. Conozco a varias personas que han sido sanadas por curanderos indígenas y chamanes. Y he sentido este poder yo misma.

—Cuéntame más —pedí.

—Mi primer amigo indígena americano —nos llamamos entre nosotros hermano y hermana de espíritu— es Terrance Brown, a quien conozco por su nombre karuk, Chitcus. Él heredó de su madre el papel de curandero de la tribu karuk en California. Una vez lo visité cuando me estaba recuperando de una enfermedad desconocida y me sentía débil y un tanto deprimida de tener que lidiar con mi agenda. Chitcus sacó su manta, en la que lleva su tambor y su collar de caracoles, un abanico de plumas de águila y una raíz de su planta sagrada, cuyo nombre me deletreó así: kish'wuf. Encendió la raíz hasta que se desprendió un humo de olor dulce, la puso en un caparazón de abulón y luego, tocando apenas el tambor, cantó una oración sanadora, tras la cual tomó la raíz de kish'wuf y con las plumas de águila dirigió suavemente el humo hacia todo mi cuerpo mientras yo me encontraba parada con los ojos cerrados. Después de eso, mi fatiga desapareció.

"Desde entonces prende humo de kish'wuf y recita una oración por mí todos los días al amanecer. Me dijo que si el humo se eleva verticalmente sabe que estoy bien. Mis otros dos amigos nativos americanos, Mac Hall y Forrest Kutch, también oran por mí todas las mañanas. ¡Con razón sigo tan sana!

—Eso es maravilloso —respondí— y creo que expresa el poder de nuestros vínculos mutuos: cómo un aspecto de nuestra sanación depende de la calidad de nuestras relaciones y de las formas en las que nos reunimos para apoyarnos los unos a los otros.

En efecto, según las investigaciones, las redes de apoyo social son esenciales para mantener la esperanza. Las palabras de Jane también me recordaron otro fragmento de la historia de Ashlee Cunsolo.

—Poco después de su sanación, Cunsolo trabajó con cinco comunidades inuit para filmar una película sobre su duelo y su pérdida —le conté—. Esto sacó a la luz mucho dolor que había estado guardado, y la gente comenzó a reunirse para hablar sobre cómo curarse y qué debían hacer a continuación.

—Se reunieron y expresaron su pena —dijo Jane—, y esto ayudó a activarlos.

Chitcus, mi "hermano en espíritu" nativo americano, tamborileando ligeramente mientras canta un suave rezo y me baña en el humo de la raíz de kish'wuf que sostiene en su mano izquierda (Dr. Roger Minkow).

—Sí —respondí—. Su historia me ayudó a entender que enfrentar nuestro dolor es esencial para combatir y superar nuestra desesperanza e indefensión. Los ancianos le enseñaron que no hay por qué evitar la aflicción ni por qué temerle. Y que si nos reunimos y compartimos nuestra tristeza, esto puede ayudarnos a sanar.

—Estoy totalmente de acuerdo —asintió Jane—. Es muy importante que enfrentemos nuestra pena y que nos sobrepongamos a nuestros sentimientos de desesperanza e impotencia; nuestra supervivencia misma depende de ello. Y no cabe duda, al menos no para mí, de que podemos encontrar la cura en la naturaleza.

—El problema es que no han entrado en acción suficientes personas —noté—. Dices que cada vez hay más gente consciente de los problemas a los que nos enfrentamos, pero ¿por qué no tratan de hacer algo al respecto?

—Principalmente, se debe a que la gente está tan abrumada por la magnitud de nuestra estupidez que se siente desvalida —respondió—. Se hunden en la apatía y la desesperación, pierden la esperanza y no hacen nada. Tenemos que hallar formas de ayudar a las personas a entender que todos tenemos un papel, sin importar qué tan pequeño sea. Todos los días tenemos un impacto sobre el planeta, y el efecto acumulado de millones de acciones éticas, aunque sean mínimas, en verdad haría la diferencia. Ése es el mensaje que llevo conmigo por el mundo.

—Pero ¿no sientes a veces que los problemas son tan colosales que te desbordan, o que cualquier cosa que hagas es insignificante de cara a unos obstáculos tan grandes?

—Ay, Doug. No soy inmune a todo lo que está pasando, y a veces me pega. Por ejemplo, cuando regreso a un área que recuerdo como un pacífico fragmento de bosque, lleno de árboles y de pájaros que cantan, y me encuentro con que en apenas un par de años arrasaron con él por completo para construir otro centro comercial. Por supuesto que me siento triste. También me enojo, pero trato de contenerme. Pienso en todos los lugares que siguen siendo salvajes y hermosos, y en que debemos intensificar la pelea por protegerlos. Y pienso en los lugares que sí hemos salvado gracias a nuestras acciones comunitarias. Éstas son las historias que la gente tiene que escuchar, historias de batallas exitosas, de quienes tuvieron éxito porque no se dieron por vencidos. De las personas que tras perder una batalla se preparan para la que sigue.

—Pero ¿será que estas acciones comunitarias pueden ganar la batalla final? —pregunté—. Se han perdido tantas especies. Hemos destruido tantos hábitats, al parecer irreparablemente. ¿No es demasiado tarde para que evitemos un completo colapso del mundo natural?

Jane fijó sus ojos en los míos, su mirada firme y directa.

—En verdad, creo que podemos cambiar el curso de los acontecimientos, Doug. Pero (sí, hay un "pero") tenemos que unirnos y actuar ya. Tenemos una pequeña ventana de oportunidad, que se está cerrando por momentos. Así que cada quien tiene que hacer lo que pueda para empezar a curar las heridas que hemos producido, y poner nuestro granito de arena para frenar la pérdida de biodiversidad y el cambio climático. He visto u oído sobre cientos de campañas exitosas, y he conocido a muchísimas personas fantásticas. Compartir estas historias da esperanza, la esperanza de que podemos hacer mejor las cosas.

Esta reunión ocurrió menos de un mes antes de que se reportaran en China los primeros casos de covid-19, y unos cuantos meses antes de que los eventos públicos se cancelaran casi por completo a causa de la pandemia. Pero mientras charlábamos en aquella cabaña en los bosques de los Países Bajos, no podíamos imaginar nada de todo esto. Por entonces, Jane aún viajaba continuamente para compartir sus historias de esperanza por todo el mundo; con frecuencia acudía a campos de refugiados y áreas de extrema pobreza con el afán de consolar y animar a la gente en sus peores momentos. No puedo imaginar siquiera cómo la impactaban.

—¿Cómo conservas el ánimo y la energía al tiempo que tratas de reconfortar y hacer sentir mejor a todos los demás?

Jane sonrió, y pude ver cómo la determinación volvía a sus ojos.

—Cuando viajo y hablo con gente de todo el mundo, recibo una retroalimentación muy alentadora. La gente realmente quiere escuchar que puede hacer la diferencia, pero a veces necesita que se lo diga alguien que ha visto, de primera mano, lo que están haciendo los demás. Me ayuda ver cómo responden las personas, pero hay algo más —dijo, cerrando los ojos y respirando profundamente—. Cuando pasaba horas sola en el bosque de Gombe, me sentía parte del mundo natural, estrechamente conectada con un Gran Poder Espiritual. Y ese poder permanece conmigo en todo momento; es una fuerza con la que puedo contar para tener valor y determinación. Compartir ese poder con otros me permite darles esperanza.

El sol se había ocultado tras las nubes. Quería oír más, pero ambos estábamos tiritando.

—¿Volvemos? —sugerí.

Cuando regresamos a la casa encendimos rápidamente la chimenea y nos sentamos frente a ella para comer una sencilla cena. Le pedí a Jane que me contara más historias sobre la extraordinaria resiliencia de la naturaleza.

—Claro, pero antes tienes que saber que existen distintos tipos de resiliencia —me explicó.

La voluntad de vivir

—Existe un tipo de resiliencia integrada, como cuando la primavera despierta los primeros brotes después de un duro invierno de nieve y hielo, o cuando todo el desierto florece después de la más ligera de las lluvias. Hay semillas que pueden germinar tras pasar muchos años de latencia. Contienen una chispita de vida, en espera de las condiciones adecuadas para liberar su poder. Es lo que Albert Schweitzer, uno de mis héroes, llamó la voluntad de vivir.

—¿Dices que la vida misma tiene una habilidad innata para sobrevivir y prosperar?

—Absolutamente. Una de mis historias favoritas trata sobre un plantío de árboles cuya ubicación es totalmente secreta. David Noble, un silvicultor australiano, descubrió un cañón salvaje e inexplorado. Decidió bajar a rapel, flanqueando una cascada, y mientras caminaba por el bosque se encontró con unos árboles que no conocía, de modo que recogió unas cuantas hojas que luego entregó a unos botánicos para que las identificaran. Al principio no las reconocieron, pero imagínate su emoción cuando descubrieron que estas hojas eran idénticas a la huella fósil de una hoja que se encontraba en una antigua roca. Pertenecía a una especie que se creía largamente extinta: una especie que sólo se conocía en el registro fósil pero que resulta que había sobrevivido por doscientos millones de años. Esos árboles, que se conocerían como pinos de Wollemi, habían hecho sus vidas en ese cañón ¡durante diecisiete glaciaciones!

—¿Qué significa esa longevidad? ¿Qué te dice sobre la resiliencia?

—Lo mismo que dicen muchas otras personas: que nosotros necesitamos a la naturaleza, pero ella no nos necesita a nosotros. Si tardamos una década en restaurar un ecosistema, sentimos que tuvimos un gran éxito. Pero si tardamos cincuenta años nos cuesta trabajo sentir esperanza: la escala temporal es demasiado larga, y somos una especie impaciente. Pero ayuda saber que a fin de cuentas la naturaleza se las arreglará para reponerse de la destrucción que hemos causado, aunque posiblemente ya no estemos allí para verlo.

—Lo que dices es que la naturaleza opera a largo plazo —dije, y nos serví un café.

—Sí, y algo que me parece muy emocionante es la asombrosa tenacidad de la vida dentro de las semillas. Después de que arrasaron con el bosque de Gombe, comenzamos a sembrar algunos árboles, pero era muy difícil por lo empinado de sus pendientes. Sin embargo, luego nos dimos cuenta de que no hacía falta sembrar nada, porque las semillas de algunos árboles, que debían llevar alrededor de veinte años o más en el suelo, comenzaron a germinar cuando la tierra quedó baldía. Incluso empezaron a crecer de nuevo las raíces de algunos de los árboles que habían sido talados.

Dijo que hay muchos ejemplos de este tipo de regeneración espontánea.

—Mi ejemplo favorito es la historia de Matusalén y Hannah —narró—, dos palmeras muy especiales. Matusalén fue la primera en ser revivida a partir de unas semillas halladas en la fortaleza desértica del rey Herodes, en las costas del mar Muerto, en el valle del Jordán. La datación por carbono reveló que estas semillas tenían ¡dos mil años de edad! La doctora Sarah Sallon, directora del Centro Borick de Investigación en Medicina Natural del Hospital Universitario de Hadassah, y la doctora Elaine Solowey, que dirige el Centro de Agricultura Sustentable del Instituto Arava de Estudios Ambientales del kibutz Ketura, obtuvieron permiso para tratar de germinar algunas. Una de las semillas logró crecer: una planta macho a quien llamaron Matusalén por ese personaje de la Biblia, el abuelo de Noé, que se cuenta que vivió hasta los novecientos sesenta y nueve años. Cuando me entrevisté con Sarah para saber más, me contó que había recibido permiso para despertar más de estas preciosas semillas de su sueño de siglos, con la esperanza de que alguna fuera hembra. Así fue como comenzó a crecer Hannah, otra palmera antigua.

”Hace poco recibí un correo electrónico de Sarah en el que me contaba que Matusalén resultó ser una pareja espléndida y fertilizó a Hannah, que produjo dátiles. Dátiles enormes y exquisitos. Sarah me mandó uno (que llegó en una bolsita de tela) y fui una de las primeras personas en probar un dátil producto de la reencarnación de dos palmeras datileras de Judea, descendientes de los largamente extintos bosques de palmeras de quince metros que alguna vez crecieron por todo el valle del Jordán. El sabor era absolutamente fantástico.

Jane cerró los ojos y se relamió los labios al recordar el dulce sabor de ese dátil resucitado.

Matusalén, germinado a partir de una semilla de dos mil años de edad. Sarah Sallon, quien se esforzó por sacarla de su largo descanso, finalmente pudo hacer crecer también una semilla femenina, Hannah. Entre ellos produjeron unos suculentos dátiles (Doctora Sarah Sallon).

—Por supuesto —siguió—, muchas especies animales tienen una asombrosa tenacidad: una gran voluntad de vivir. El coyote que sigue dispersándose por

Estados Unidos, a pesar de la persecución de los cazadores. Y las ratas y las cucarachas...

—¡No sé si me llena de esperanza saber que las ratas y las cucarachas seguirán aquí mucho después de que nosotros hayamos desaparecido! —exclamé.

—Bueno, las cucarachas son una de las especies más resilientes y adaptables.

—Crecí en una gran ciudad, así que lo sé muy bien. Las cucarachas y las ratas eran nuestra vida silvestre. Y las palomas.

—Conozco a mucha gente que odia a esas especies, pero cuando viven en la naturaleza, son parte del tapiz de la vida, donde cada una desempeña su papel. Aunque igual que nosotros, pueden aprovechar las oportunidades. Prosperan con la comida que desperdiciamos y viven cómodamente entre la basura que se encuentra con tanta frecuencia alrededor de las viviendas humanas.

Quería hallar la esperanza en las historias de resiliencia de Jane, pero aún me sentía afligido.

—Es verdad, la naturaleza es enormemente enérgica y fuerte, y puede adaptarse a los ciclos naturales que ocurren en el planeta, pero ¿puede recuperarse de todo el daño que le estamos haciendo?

—Sí, de verdad creo que la naturaleza tiene una habilidad fantástica para reponerse tras haber sido destruida, ya sea por nosotros o por los desastres naturales. A veces se repone lentamente, a lo largo del tiempo. Pero ahora, a causa del terrible daño que le estamos causando cotidianamente, tenemos que intervenir con frecuencia para ayudar en la restauración.

—A ver, Jane, dices que la vida es fundamentalmente resiliente y puede tolerar grandes calamidades. ¿Hay alguna cualidad especial que podamos aprender de la resiliencia de la naturaleza?

Adaptarse o morir

Jane reflexionó un rato.

—Bueno, una cualidad muy importante de la resiliencia es la adaptabilidad: todas las formas exitosas de vida se han adaptado a su entorno —respondió—. Las especies que no lograron adaptarse fueron las perdedoras en el concurso de la evolución. Lo que nos ha permitido a los humanos (¡y a las cucarachas y a las ratas!) dispersarnos por el mundo ha sido nuestro extraordinario éxito para adaptarnos a diferentes ambientes. Así que el gran desafío que enfrentan muchas especies actuales es el de adaptarse tanto al cambio climático como a la invasión humana en sus hábitats.

—Eso es interesante —respondí—. Cuéntame más, ¿por qué algunas especies logran adaptarse y otras mueren?

—Para algunas especies —replicó Jane— el ciclo de vida, las dietas especializadas o cosas así, están tan preprogramadas que no sobreviven a los cambios. Otras especies son más flexibles. Resulta fascinante ver cómo toda una especie puede sobrevivir si unos cuantos, o incluso un solo individuo, logran cambiar y transmitirles su comportamiento a otros en el grupo. Claro, algunos individuos morirán, pero la especie en su conjunto sobrevivirá. Piensa en las plantas que se han vuelto resistentes a los herbicidas con los que rocía el suelo la agricultura industrial y las bacterias que se vuelven resistentes a los antibióticos y terminan convirtiéndose en supermicrobios.

"Pero las historias que me encanta contar —siguió— son las que tienen que ver con animales de gran inteligencia que transmiten información mediante la observación y el aprendizaje. Los chimpancés son un ejemplo maravilloso de una especie que puede aprender a adaptarse a diferentes entornos en una sola generación.

—¿De qué forma? —pregunté, siempre ansioso de escuchar las historias sobre chimpancés que cuenta Jane.

—Los chimpancés de Gombe hacen nidos para dormir en la noche, que es lo que hacen casi todos los chimpancés. Pero los chimpancés de Senegal, donde las temperaturas se elevan cada vez más, se adaptaron. Con frecuencia buscan alimento durante las noches de luna, porque son mucho más frescas. E incluso pasan parte de su tiempo en cuevas, que es un comportamiento muy inusual para un chimpancé.

"Y los chimpancés de Uganda han aprendido a buscar alimento de noche por una razón distinta: su bosque se ve cada vez más invadido, conforme las aldeas se expanden y la gente necesita más tierra para cultivos. Así, como escasean sus fuentes tradicionales de alimento, los chimpancés han aprendido a incursionar en las granjas que lindan con el bosque para robar los cultivos de los agricultores. Éste es en sí un comportamiento muy notable, porque los chimpancés suelen ser muy conservadores en sus hábitos y casi nunca experimentan con alimentos nuevos en Gombe. Si un bebé trata de hacerlo, ¡su mamá o un hermano o hermana mayor se los arrebata! Pero los chimpancés ugandeses no sólo desarrollaron una afición por alimentos como la caña de azúcar, las bananas, los mangos y la papaya, sino que aprendieron a hacer sus incursiones a la luz de la luna, cuando es menos probable que se encuentren con humanos.

"Pero si queremos un ejemplo de un primate realmente adaptable (además de nosotros mismos, desde luego), tenemos que pensar en los mandriles. Ellos prueban cualquier alimento nuevo casi de inmediato, y por lo tanto son una especie muy exitosa que ocupa hábitats muy distintos. Y en Asia hay varias especies de macaco también extremadamente adaptables. Por supuesto, a causa de su afición por nuestros alimentos, son considerados una peste y perseguidos por los humanos.

—Así que la adaptación es parte esencial de la resiliencia —apunté— y algunas especies logran adaptarse mejor que otras a una diversidad de situaciones nuevas.

Me pregunté si nosotros seríamos capaces de adaptarnos no sólo al cambio climático, sino también a nuevos estilos vida que puedan frenar su avance.

—Sí, así es como ha operado la evolución durante miles de años. Adaptarse o morir. El problema es que hemos estropeado tanto las cosas que con frecuencia tenemos que intervenir para detener la destrucción de un hábitat o la extinción de una especie. Y aquí es donde el intelecto humano desempeña un papel tan importante: mucha gente está usando sus cerebros para trabajar a favor del deseo innato de supervivencia de la naturaleza. Hay muchísimas historias maravillosas de personas extraordinarias que ayudan a que la naturaleza se cure a sí misma

Alimentando a la Madre Naturaleza

Jane se iba animando con la plática y se inclinó hacia delante en su asiento. Haciendo gestos con las manos para subrayar sus palabras, argumentó que debemos darnos cuenta de que incluso cuando un hábitat parece estar irremediablemente destruido, la naturaleza, con el tiempo, puede recuperar ese lugar, paso a paso. Explicó que las primeras señales de vida suelen ser las especies pioneras, las más resistentes, que crean un entorno al que pueden llegar otras formas de vida.

—Hay personas que estudian las estrategias de la Madre Naturaleza y las copian para tratar de restaurar una zona destruida —explicó.

"Un excelente ejemplo es la restauración de una cantera en desuso, una monstruosa cicatriz de doscientas hectáreas cerca de la costa de Kenia en la que nada crecía. Esta devastación fue creada por la compañía cementera Bamburi. Lo interesante es que este enorme proyecto de restauración no fue emprendido por un grupo de conservacionistas, sino por Felix Mandl, el dueño de la compañía que provocó esta destrucción.

"Mandl le encargó al horticultor de la compañía, René Haller, que restaurara el ecosistema. Al principio parecía imposible; tras buscar durante días, Haller sólo encontró una o dos plantitas enclenques refugiadas detrás de algunas de las pocas rocas que no habían sido trituradas. No había más.

"Desde el principio, Haller procuró que la naturaleza guiara su trabajo. Para empezar, seleccionó una especie de árbol pionero adecuado para las condiciones áridas y salinas: la casuarina, que se usa con mucha frecuencia en proyectos de restauración. Las plántulas echaron raíces y empezaron a crecer con ayuda de un poco de fertilizante y la adición de microhongos provenientes de los sistemas de raíces de árboles ya consolidados. El problema era que sus hojas en forma de aguja no se descomponían en ese suelo implacable, de modo que ninguna otra planta podía empezar a colonizar el área. Pero Haller, muy buen observador y ávido de aprender de la sabiduría de la naturaleza, se dio cuenta de que unos hermosos milpiés de lustrosos cuerpos negros y vibrantes patas rojas devoraban las hojas con entusiasmo. Sus desechos resultaron ser la sustancia perfecta para crear humus, así que llevó cientos de individuos de las zonas cercanas. La capa de humus fértil permitió que crecieran otras plantas.

"A diez años del inicio del proyecto, los árboles originales tenían treinta metros de altura, y la capa de suelo era lo suficientemente gruesa como para alojar ciento ochenta especies de árboles y plantas autóctonos. Diversas especies de aves, insectos y otros animales comenzaron a regresar a la tierra, y con el tiempo se introdujeron jirafas, cebras y hasta hipopótamos. Hoy se le conoce como Haller Park, lo visita gente de todo el mundo y es un referente para otros proyectos de restauración.

"¿Verdad que es una historia fabulosa? —concluyó Jane—. No tiene que ver únicamente con sanar los daños producidos por la industria, sino con el presidente de una compañía que, muy adelantado a los trabajos de ecologización que realizan las empresas actuales, emprendió la restauración sencillamente porque le parecía lo correcto. Es un excelente ejemplo de cómo, incluso si tenemos un lugar devastado por completo, si le damos tiempo y tal vez un poco de ayuda, la naturaleza volverá a él.

Me pregunté cómo se vería el mundo si comenzáramos el trabajo de restauración en todas las áreas que hemos profanado. Había leído un reporte que decía que casi todos los ecosistemas estudiados se recuperaban en un periodo de entre diez a quince años; los océanos más rápidamente, y los bosques más lentamente.

—¿Te emociona el movimiento para revitalizar distintas regiones del mundo? —le pregunté a Jane.

—Creo que es un movimiento maravilloso, absolutamente esencial —respondió Jane—. Con tanta gente viviendo en el planeta (y puesto que la gran mayoría de los animales somos los humanos, nuestro ganado y nuestras mascotas), tenemos que reservar algunas áreas para la vida silvestre. ¡Lo cierto es que estos esfuerzos están empezando a dar frutos!

Jane me contó cómo por toda Europa las ONG, los gobiernos y el público en general han acordado proteger vastas zonas de bosques, páramos y otros hábitats, y unirlos mediante corredores de árboles y plantas que les permiten a los mamíferos transitar de un área a otra con seguridad, una medida necesaria para evitar la endogamia excesiva. La ONG Rewilding Europe ha seleccionado diez regiones de toda Europa para un ambicioso plan que protege un abanico de hábitats, crea corredores y conserva o restaura una amplia variedad de especies animales.

Los ojos de Jane ardían de entusiasmo cuando hablaba sobre estos esfuerzos.

—¿Qué animales están regresando? —pregunté.

—Vamos a ver —Jane comenzó a contar con los dedos—. Pues están el alce y esos maravillosos íbices de cuernos retorcidos, el chacal dorado, que en realidad sólo es un pequeño lobo gris. Ah, y también el lobo común, cosa que no entusiasma a todos. Los castores fiber, el lince ibérico, un felino espectacular que sigue siendo el más amenazado del mundo. En algunos países, hasta osos pardos. Comienza a prosperar una amplia variedad de especies de aves, como los cisnes cantores, las águilas de cola blanca, los buitres leonados y los buitres egipcios. Algunos de estos animales no han sido avistados en estado silvestre durante cientos de años.

—Hablas de todas estas especies con tanta familiaridad que parece que estuvieras enumerando a tus amigos.

—Bueno —dijo—, es porque me importan mucho. Son las historias en las que pienso para contrarrestar todo el pesimismo que ronda por ahí.

—Me parece muy inspirador —repuse—. ¿Y quién lidera los esfuerzos para salvar a estos animales? ¿Los grupos conservacionistas? ¿Las ONG? ¿Las personas comunes y corrientes? ¿Qué es lo que marca la diferencia?

—Con frecuencia, son las personas comunes y corrientes —dijo Jane—. Hay agricultores que se unen al proceso de reposición de la tierra a su estado natural, sobre todo si de por sí no era muy adecuada para el cultivo. Y algunos de los programas son de largo alcance y reciben muchísimo apoyo.

Le conté a Jane sobre la granja que tenía mi suegro en Illinois, y sobre cómo plantó pastos nativos y disfrutó enormemente del regreso de pavos salvajes y otras especies. Nunca lo voy a olvidar, ahí subido en su tractor, supervisando su tierra y cultivando plantas nativas. Ahora bien, los pavos salvajes son una cosa, pero los planes de restitución de la tierra buscan el regreso de depredadores como lobos y leones de montaña.

—Imagino que algunas personas no son entusiastas de la restitución y no quieren apartar tierras para los animales, especialmente los carnívoros.

—No, por supuesto que no —admitió Jane—. En África y en América pasa lo mismo. A los granjeros les preocupa perder ganado a manos de los depredadores; a los pescadores y los cazadores les inquieta el efecto que pueden tener algunos animales sobre su "deporte". Pero cuantas más personas cobran consciencia de que los animales tienen derecho a vivir y son seres sensibles con personalidades, mentes y emociones, se multiplica al apoyo público a estos programas. Lo más emocionante es que algunas de estas especies estaban al borde de la extinción en las llanuras de Europa. Unas cuantas personas consagradas a la recuperación han salvado a toda clase de especies altamente amenazadas de unirse a la larga lista de formas de vida extintas. Les han dado otra oportunidad.

—¿Cuál es tu historia favorita sobre el rescate de una especie al borde de la extinción?

Rescates en la frontera de la extinción

—En esta historia participan tres personajes muy especiales —comenzó Jane—. El doctor Don Merton, un aventurero biólogo de la vida salvaje, y una pareja, macho y hembra, de petroicas de las Chatham. Me enamoré de esta historia desde que la escuché por primera vez, porque el petirrojo europeo (el que aparece en todas las tarjetas de Navidad) es una de mis aves favoritas, y la petroica se ve igual, salvo por el color. Estas dos aves especiales fueron bautizadas Azul y Amarillo, por el color de las cintas identificadoras de sus patas.

"Tuve la oportunidad de conocer a Don durante un tour en Nueva Zelanda, así que oí la historia de primera mano. Don es una de estas personas de verdad inspiradoras que me hacen tener esperanza en el futuro. Me enteré de que estaba decidido a salvar de la extinción a los últimos ejemplares de estas aves.

Don Merton con una petroica de las Chatham. La pasión y el ingenio de Don ayudaron a rescatar a esta especie del borde de la extinción (Rob Chappell).

"El problema es que no hay depredadores naturales en Nueva Zelanda, así que cuando los humanos introdujeron gatos, ratas y armiños, las aves fueron presa fácil, porque no tenían ninguna respuesta instintiva de protección. No podían adaptarse a esa amenaza. Don quería ayudar a salvar la especie de la extinción inminente, pero se dio cuenta de que para ello tenía que atrapar de alguna manera a todas las petroicas que quedaban y liberarlas en una isla mar adentro que estuviera libre de los depredadores introducidos.

"Cuando finalmente obtuvo autorización y el clima de primavera le permitió volver a ver cómo estaban, sólo quedaban siete. Sólo *siete* de estas aves en todo el planeta. Había dos hembras, y aunque esa primera temporada ambas pusieron huevos, ninguno eclosionó. Estas aves se emparejan de por vida, pero estaba claro que los machos eran infértiles. Sin embargo, sorprendentemente y por alguna razón milagrosa, Azul abandonó de pronto a su pareja y se unió a uno de los tres jóvenes machos, construyeron un nido y Azul puso la típica nidada de dos huevos.

"Don me dijo que se encontraba en una terrible disyuntiva. Él había trabajado en un exitoso programa de cría de aves en cautiverio, pero implicaba un método experimental riesgoso que además parecía un poco cruel para los padres, sobre todo para la madre. ¿Debía arriesgarse a tomar los dos valiosos huevos de Azul y ponerlos en un nido de petroica carbonera (un pajarito del mismo tamaño), con la esperanza de que Azul y Amarillo construyeran otro nido y pusieran dos huevos más? Me dijo que se sintió fatal cuando tomó los huevos de Azul y destruyó el nidito cuidadosamente fabricado. El destino de toda una especie dependía de que la pareja produjera otra nidada. Y él sería el responsable si todo fallaba.

"Ya te imaginarás su alivio cuando las aves hicieron otro nido y Azul puso dos huevos más. Don decidió repetir la maniobra. Otra pareja de petroicas carboneras recibió dos huevos adoptados, y Azul y Amarillo construyeron un tercer nido y pusieron dos huevos más.

Intenté imaginar cómo había conseguido robar los huevos del nido de Azul y Amarillo y deslizarlos en el otro sin que lo notaran.

—¿Cómo consiguieron que las petroicas carboneras adoptaran los huevos? —pregunté.

—Pues los cucos se lo hacen a toda clase de aves; es normal que las aves adopten los huevos de otras especies. El verdadero reto llegó cuando empollaron con éxito los dos primeros huevos. Don no podía dejar que las petroicas de las Chatham fueran criadas por las petroicas carboneras, porque no aprenderían los comportamientos de su especie. Así que colocó a los diminutos polluelos en el nido de Azul y Amarillo... y Amarillo comenzó a alimentarlos. Cuando Don aumentó la carga de los esforzados padres con la segunda nidada de polluelos, ya había eclosionado el tercer par de huevos. La pareja ahora tenía seis polluelos que alimentar, en vez de los dos habituales.

"Don me contó que cuando introdujo cuidadosamente en el nido a los dos últimos polluelos recién salidos del huevo, Azul volteó a mirarlo como diciendo: '¿Y ahora qué?'. Pero él le dijo: 'Está bien, querida, voy a ayudarte a alimentarlos'. Su equipo recolectó insectos, larvas y gusanos para ayudarlos a alimentar a la pujante familia.

"Don y su equipo repitieron la misma maniobra durante los siguientes años, y la mayor parte de los polluelos voló del nido y tuvo sus propios polluelos. Hoy existen alrededor de doscientos cincuenta petroicas de Chatham.

"Imagínate: Don, Azul y Amarillo salvaron a toda una especie —dijo Jane—. Azul vivió cuatro años más de lo que es típico para la especie. Cuando murió, a los trece años de edad, la llamaban de cariño la Vieja Azul. Hasta le erigieron una estatua.

Era evidente que Jane amaba las historias de rescate de animales, y al parecer tenía una infinidad que compartir. Me contó sobre muchas otras especies que han sido rescatadas de la extinción gracias al ingenio y la determinación humanos, y sobre todo, gracias a la cría en cautiverio. Se creía, por ejemplo, que el hurón de patas negras de las grandes praderas de América del Norte estaba totalmente extinto, pero el perro de un granjero mató uno, y una búsqueda reveló que sobrevivía una pequeña población que permitió a los científicos comenzar un exitoso programa de cría en cautiverio. La grulla trompetera, el halcón peregrino, el lince ibérico y el cóndor de California sólo contaban con unos pocos individuos en estado salvaje cuando se iniciaron programas de rescate. Algunas especies que estaban totalmente extintas en estado salvaje, pero que se conservaban mediante programas de cría en cautiverio y que han sido reintroducidas a sus áreas naturales, incluyen al ciervo del padre David en China y al órix árabe en Arabia. Y hay muchos, muchos otros peces, reptiles, anfibios, insectos y plantas que han sido salvados de la extinción gracias al esfuerzo y la dedicación de personas a las que les importaban.

Una órix hembra, con cuernos en forma de cimitarra, tras ser reintroducida a su hábitat salvaje en Chad, dio a luz a la primera cría de este ambicioso programa. Cuando me enviaron esta foto, se me salieron las lágrimas (Justin Chuven / Agencia Ambiental de Abu Dhabi).

—Apenas hoy recibí un correo electrónico con fantásticas noticias sobre el hermoso órix cuernos de cimitarra —me contó Jane—. Hubo un tiempo en el que se encontraban en las regiones desérticas de todo el norte de África y Arabia, pero los cazaron hasta extinguirlos en estado salvaje, y la especie sólo se salvó gracias a los programas de cría en cautiverio.

"He estado siguiendo de cerca la historia de estos deslumbrantes animales. En

2016 se liberaron los primeros veinticinco ejemplares en un área enorme de lo que fue su hábitat original en Chad. Desde entonces, cada año se liberan pequeños grupos, y hoy existen doscientos sesenta y cinco adultos y adolescentes y setenta y dos terneros, todos libres y al parecer bien adaptados.

”Esta información me la mandó Justin Chuven, de la Agencia Ambiental de Abu Dabi. Una cosa que le pregunté es si de verdad estos órix pueden sobrevivir durante seis meses sin beber. Me dijo que con frecuencia se la pasan sin agua por seis o siete meses, ¡y a veces hasta nueve meses del año!

—Eso es mucho tiempo para sobrevivir sin agua —repuse—. ¿Cómo lo hacen?

—Justin me explicó que los órix dependen de varias plantas ricas en agua, entre ellas, el melón amargo, muy jugoso, pero de horrible sabor. Me contó que le parece muy entretenido observar a los órix en los campos de estas frutas: le dan una mordida a cada melón, sacuden la cabeza de asco, pasan a la siguiente y le dan una sola mordida, presumiblemente con la esperanza de que sea menos amargo. ¡Pero nunca saben mejor!

Me sentía inspirado por estas historias de conservacionismo heroico, pero sabía que no todos están convencidos de que estos esfuerzos valgan la pena en términos de trabajo y de dinero.

—¿Qué les dices a las personas que piensan que estas campañas para proteger especies en peligro son un despilfarro? —pregunté—. Lo cierto es que a lo largo de la historia de la Tierra 99.9 por ciento de las especies se han extinguido, y la gente se pregunta para qué ponerse a gastar ahora para salvar especies.

El tapiz de la vida

—Pues mira, Doug, como señalaste antes, la tasa de extinción actual como consecuencia de las acciones humanas es mucho, mucho mayor que nunca antes —respondió Jane con gesto sombrío—. Lo que estamos tratando de hacer es reparar el daño que hemos hecho.

"Y no sólo se trata de hacerle un bien a los animales. Yo trato de que la gente comprenda lo mucho que dependemos los humanos del mundo natural para tener comida, aire, agua, ropa, todo. Pero para satisfacer nuestras necesidades, los ecosistemas deben estar sanos. Cuando estaba en Gombe aprendí, durante mis horas en el bosque lluvioso, que cada especie tiene su papel, que todo está interconectado. Cada vez que se extingue una especie, es como si se abriera un hueco en el maravilloso tapiz de la vida. Y cuantos más huecos aparecen, más se debilita el ecosistema. En cada vez más regiones, el tapiz está tan ajado que el ecosistema se encuentra al borde del colapso. Y aquí es cuando se vuelve importante tratar de enmendar las cosas.

—¿Esto en verdad funciona a largo plazo? —pregunté mientras nos acercábamos un poco al fuego. Le ofrecí la cobija a Jane, y esta vez se la puso sobre los hombros, como si fuera un chal—. ¿Puedes darme un ejemplo de la diferencia que pueden marcar estos esfuerzos?

—Creo que el mejor ejemplo es la restauración del ecosistema del Parque Nacional de Yellowstone en Estados Unidos.

Jane me explicó que hace cien años, el lobo gris fue exterminado en casi todo el norte de América. Al desaparecer los lobos, los alces de Yellowstone sometieron el parque a un exceso de pastoreo y el ecosistema lo resintió. Los ratones y los conejos no podían esconderse porque la maleza había desaparecido, y sus números se desplomaron. Las abejas tenían menos flores que polinizar. Hasta los osos pardos sufrieron la escasez de bayas que comer en preparación para hibernar. Los lobos mantenían a los alces lejos de las orillas del río, donde se encontraban expuestos y vulnerables a los ataques. Sin lobos, los alces pasaban más tiempo cerca del río, y las pezuñas de las grandes manadas erosionaron la orilla y llenaron los ríos de lodo. Los cardúmenes se redujeron en las aguas turbias, y los castores no pudieron construir presas porque el exceso de pastoreo destruyó muchos árboles jóvenes.

En cuanto fueron reintroducidos en el parque, los lobos redujeron la población de alces, de unos diecisiete mil a una cifra más sustentable de cuatro mil individuos. Las especies carroñeras, como los coyotes, las águilas y los cuervos comenzaron a prosperar, igual que los osos. Incluso los alces mismos se encontraban mejor, pues sus poblaciones se estabilizaron en una cifra más sana y resiliente: hoy ya no se mueren de hambre durante el invierno. En cuanto a los seres humanos, mejoró la calidad del agua potable en las áreas que rodean el parque, y la industria del turismo creció dramáticamente cuando volvieron los lobos. Comenzaba a ver a qué se refería Jane con el tapiz de la vida y la interconexión entre todas las especies.

—Ojalá los medios dedicaran más espacio a las noticias motivadoras y esperanzadoras que encontramos por todos lados —concluyó Jane.

Le pregunté si alguna vez le dicen que el dinero que se gasta en la conservación de animales debería ser usado para ayudar a las personas en situaciones desesperadas.

—Ay, sí, me lo preguntan todo el tiempo —respondió Jane.

—¿Y qué les dices?

—Bueno, les señalo que personalmente creo que los animales tienen tanto derecho a vivir en este planeta como nosotros. Pero también que nosotros mismos somos animales, y que el Instituto Jane Goodall (IJG), como muchas otras organizaciones actuales de conservación, también se interesa en la gente. De hecho, cada vez queda más claro que los esfuerzos de conservación no pueden ser exitosos y sostenibles a menos que las comunidades locales se beneficien de algún modo y se involucren. Estas cosas tienen que ir de la mano.

—Y tú comenzaste este tipo de programa por la época en la que estuviste en Gombe —señalé—. ¿Puedes contarme cómo empezó ese trabajo?

—En 1986 visité seis países de África en los que se estaba estudiando a los chimpancés para averiguar por qué sus poblaciones estaban menguando y qué se podía hacer al respecto. Aprendí mucho sobre la destrucción de sus hábitats selváticos, sobre la caza comercial de animales salvajes como alimento y el asesinato de madres para vender a sus bebés como mascotas o a la industria del entretenimiento. Pero durante el mismo viaje, fui testigo de la desesperación de muchos de los africanos que vivían en los hábitats de los chimpancés y sus alrededores. La pobreza abyecta, la falta de instalaciones de salud y educación, y la degradación de los suelos.

"Así que emprendí ese viaje para aprender sobre los problemas de los chimpancés y me di cuenta de que están indisolublemente unidos a los problemas de las personas. A menos que ayudáramos a la gente, no podríamos hacer nada por los chimpancés. Así que, para empezar, averigüé más sobre la situación de las aldeas alrededor de Gombe.

Jane siente que a la mayor parte de la gente le cuesta creer en el nivel de pobreza que imperaba en la zona. No existía una infraestructura de salud apropiada, y no había agua corriente ni electricidad. Se esperaba que las niñas dejaran la escuela al terminar la primaria para ayudar en la casa y las tareas agrícolas, y se casaban a veces desde los trece años. Muchos hombres mayores tenían cuatro esposas y un montón de hijos.

—En cada una de las doce aldeas alrededor de Gombe había una escuela primaria. Los maestros tenían un bastón con el que golpeaban a los alumnos con frecuencia, y buena parte del tiempo que pasaban los niños allí lo dedicaban a barrer el piso de tierra del patio. Algunas aldeas tenían una clínica, pero tenían pocos suministros médicos.

"Así que en 1994, el IJG comenzó el programa Tacare. Era por entonces un enfoque de conservación muy novedoso. George Strunden, la mente maestra tras el programa, seleccionó un equipo de siete tanzanos locales que acudieron a las doce aldeas y preguntaron qué podía hacer el IJG por ellos. Respondieron que querían cultivar más comida y tener mejores clínicas y escuelas, así que allí fue donde empezamos a trabajar, en estrecha colaboración con el gobierno de Tanzania. Durante los primeros años ni siquiera hablamos de rescatar a los chimpancés.

"Como empezamos por reclutar la ayuda de tanzanos locales los aldeanos terminaron por confiar en nosotros, y poco a poco construimos un programa que incluía la reforestación y la protección de fuentes de agua.

—Escuché que también organizaron bancos de microcréditos.

Una de las mujeres que recibieron un préstamo de Tacare e inició un vivero (Instituto Jane Goodall / George Strunden).

—Sí, creo que ésta ha sido una de nuestras acciones más exitosas. Fue como magia: al poco tiempo de comenzar Tacare, el doctor Muhammad Yunus (que ganó el premio Nobel de la Paz en 2006 y que es uno de mis héroes) me invitó a Bangladesh y me presentó a algunas de las primeras mujeres que recibieron préstamos pequeños de su Banco Grameen. El doctor Yunus comenzó este programa de préstamos porque los bancos grandes se negaban a otorgar préstamos pequeños. Las mujeres me contaron que ésa había sido la primera vez que tenían dinero de verdad en las manos, y la diferencia que representó para ellas. Ahora podían mandar a sus hijos a la escuela. Decidí de inmediato que incluiríamos este programa en Tacare.

"Para una de mis siguientes visitas a Gombe invitamos a los primeros beneficiarios de los micropréstamos que Tacare ayudó a conseguir para que nos contaran sobre los pequeños negocios que habían arrancado con el dinero. Casi todas eran mujeres. Una joven (de apenas diecisiete años de edad) era muy tímida, pero estaba ansiosa por contarme cómo había cambiado su vida. Ella pidió un préstamo muy pequeño para comenzar un vivero que vendía arbolitos jóvenes para el programa de reforestación de su aldea. Se veía que estaba muy orgullosa. Ya había pagado su primer préstamo, su negocio estaba ganando dinero, había podido contratar a una joven para que le ayudara y pudo planear cuándo tener su segundo hijo gracias a la información de planificación familiar de Tacare. Y nos dijo que sólo quería tener tres hijos porque deseaba poder darles una educación adecuada.

—Sé que consideras que el control voluntario del crecimiento poblacional —comenté— y el mayor acceso a la educación (particularmente para las niñas) es una de las claves para resolver nuestra crisis ambiental.

—Sí, es absolutamente esencial. Durante una visita a otra aldea —continuó Jane—, di una charla en la escuela primaria y conocí a una de las niñas que había obtenido una beca Tacare que le permitiría cursar la educación secundaria. Era muy tímida, pero estaba emocionadísima por la idea de ir a una escuela en la ciudad, donde estaría como interna.

Entre risas, Jane me contó que al inicio de este programa, diseñado específicamente para permitir que las niñas permanecieran en la escuela durante y después de la pubertad, descubrió un serio problema: las niñas no iban a la escuela durante sus periodos porque las letrinas de las escuelas eran unos agujeros apestosos, sin ninguna privacidad. Y tampoco tenían toallas sanitarias.

"Así que planeamos instalar 'letrinas de pozo ventiladas'. Supongo que en Estados Unidos dirían que son baños VIP. ¡En Inglaterra diríamos 'WC de lujo'! —dijo otra vez entre risas—. Así que ese año, como mi regalo de cumpleaños, pedí dinero para construir una de ésas, ¡y recaudé suficiente para construir cinco! Cuando estuvieron listas, fui a una de las escuelas para una inauguración oficial. Fue un evento magnífico; había padres ataviados con sus mejores prendas, algunos funcionarios del gobierno y muchos niños emocionados.

"El edificio tenía piso de cemento, cinco pequeños cubículos con puertas con seguros para las niñas y, separados de éstos por una pared, tres para los niños. Todavía no los estrenaban. Con gran pompa corté el listón y fui escoltada al área de niñas por la directora y un fotógrafo. Entré en un cubículo, y para hacer las cosas debidamente, me senté en el escusado. Pero no me bajé los pantalones —rematé con una sonrisa maliciosa.

"Así que, como ves —añadió—, ahora estas niñas están empoderadas para salir de la pobreza, y entienden que sin un ecosistema sano, sus familias no pueden prosperar.

"Casi todas estas aldeas tienen una reserva forestal que necesita protección, pero para la década de 1990, la mayor parte se había visto gravemente degradada por la tala para obtener leña y carbón, y por el desmonte para zonas de cultivo. Puesto que la mayor parte de los chimpancés que quedan en Tanzania viven en estas reservas la situación no era muy prometedora. Pero ahora todo cambió. Nuestro programa Tacare opera ya en ciento cuatro aldeas a lo largo del territorio de los cerca de dos mil chimpancés salvajes que aún viven en Tanzania.

"El año pasado fui a una de estas aldeas y conocí a Hassan, uno de los dos vigilantes forestales que habían aprendido a usar un teléfono inteligente. Hassan no podía esperar a llevarnos a 'su' bosque para mostrarnos cómo usaba el teléfono para registrar dónde había encontrado un árbol talado ilegalmente o una trampa para animales. Nos indicó dónde estaban creciendo nuevos árboles. Nos dijo que cada vez avistaba más animales; una tarde, tres días antes, vio un pangolín de camino a casa. Y lo más emocionante de todo es que había visto rastros de chimpancés: tres nidos y algunas heces.

—Cómo lamento no haber podido acompañarlos en Gombe —dije, pensando en mi abrupto regreso a Estados Unidos para estar con mi papá en el hospital y mientras estuvo en cuidados paliativos.

—Hiciste exactamente lo que tenías que hacer. Ya tendrás otra oportunidad. Habrías visto algo realmente emocionante —siguió Jane—. El programa, que básicamente busca cuidar a las personas para que ellas puedan cuidar mejor el medio ambiente, está funcionando.

"Ahora la gente de las aldeas está ansiosa de aprender sobre agrosilvicultura y permacultura, y los granjeros cultivan árboles entre sus cosechas para tener sombra y fijar nitrógeno en el suelo. Todas las aldeas tienen proyectos de reforestación,

Hassan es uno de los vigilantes forestales y fue entrenado en un taller de Tacare para usar un teléfono inteligente para registrar trampas para animales o, en este caso, un árbol talado de forma ilegal. También registra avistamientos de chimpancés, pangolines y otros animales salvajes (Instituto Jane Goodall/ Shawn Sweeney).

y las colinas que rodean Gombe ya no están desnudas. Lo mejor de todo es que la gente entiende que proteger los bosques no sólo es en beneficio de la vida silvestre sino de su propio futuro, así que se han convertido en nuestros socios para la conservación.

Jane me contó que el método Tacare ya opera en los seis países africanos en los que trabaja el Instituto Jane Goodall, y que gracias a esto la gente que vive allí, y en cuyas manos está depositado el futuro, protege a los chimpancés y sus bosques, así como a otras especies silvestres.

—Veo lo que dices sobre el vínculo entre la resiliencia de la naturaleza y la resiliencia humana —dije—. Cómo ocuparse de las injusticias humanas como la pobreza y la opresión de género nos ayuda a crear esperanza para las personas y el medio ambiente. Nuestros esfuerzos por proteger especies en peligro preservan

Emmanuel Mtiti dirige nuestro programa de Tacare desde el principio. Hombre sabio y líder nato, fue la elección perfecta para convencer a los líderes de las aldeas a unirse a nuestros esfuerzos. Aquí contemplamos la inmensa área en la que Tacare opera en la actualidad para ayudar a la gente, a los animales y al medio ambiente (Richard Koburg).

la biodiversidad de la Tierra, y cuando protegemos todas las formas de vida, implícitamente hacemos lo mismo con la nuestra.

Jane sonrió y asintió, como un anciano de la tribu que estuviera transmitiéndole a la siguiente generación los secretos de la vida y la supervivencia. Yo estaba empezando a entender.

Vi la hora. Eran casi la cuatro.

—Ay, dios, ya casi está oscuro —dijo Jane—. Así es el invierno. Reavivemos el fuego y tengamos una última conversación y un traguito de whisky. Lo necesito para mi voz —en efecto, su voz sonaba un poco cansada.

Jane sacó una botella de Johnnie Walker parecida a la que le había dado en Tanzania y nos sirvió dos generosos tragos.

Volvimos a acomodarnos y Jane alzó su vaso.

—Por la esperanza —dijo.

Chocamos los vasos y bebimos.

Nuestra necesidad de naturaleza

—Lo último que quiero decir —continuó Jane, con una voz más firme ahora que el whisky había hecho su trabajo— es que no sólo somos parte del mundo natural, no sólo dependemos de él: lo necesitamos. Al proteger estos ecosistemas, al restaurar el estado natural de más y más regiones del mundo, protegemos nuestro propio bienestar. Hay muchas investigaciones que demuestran esto, pero lo cierto es que es increíblemente importante para mí. Necesito pasar tiempo en la naturaleza, aunque sólo sea sentarme un rato bajo un árbol o caminar en estos bosques o escuchar cantar a un ave. ¡Me da paz interior en este mundo tan loco!

"Cuando estoy en un hotel y veo una ciudad por la ventana, siempre pienso: 'Bajo todo este concreto hay tierra sana. Podríamos cultivar cosas. Podría haber árboles, y aves y flores'. Luego pienso en los movimientos que buscan reverdecer las ciudades plantando árboles urbanos, que no sólo reducen las temperaturas en varios grados, mitigan la contaminación del aire y mejoran la calidad del agua, sino que también inciden en nuestra sensación de bienestar. Incluso en las ciudades, como Singapur, existen proyectos que conectan pequeñas áreas de hábitat con corredores verdes de árboles para que los animales puedan moverse de un lugar a otro en busca de alimento y pareja. Cada vez que le das la oportunidad, la naturaleza regresa. Cada árbol que plantas, marca una diferencia.

Sabía que Jane había estado involucrada en una iniciativa que se anunció en el Foro Económico Mundial de Davos para plantar un billón de árboles con el fin de contrarrestar la deforestación global de la que los humanos somos responsables.

—Los árboles podrían salvarnos —afirmé.

—Plantar árboles es muy importante —coincidió Jane—. Proteger los bosques es aún más importante; toma tiempo para que las pequeñas plantas crezcan lo suficiente para absorber una cantidad significativa de CO_2. Y, por supuesto, luego hay que cuidarlos. También debemos limpiar los océanos y, obviamente, reducir las emisiones de gases de efecto invernadero.

—Cuando no estás en Gombe, ¿adónde vas para renovarte rodeada de naturaleza?

—Trato de ir todos los años a Nebraska, a la cabaña de mi amigo Tom Mangelsen, que es fotógrafo de la vida silvestre. Está en el río Platte, y voy durante la migración de las grullas canadienses, los gansos de las nieves y muchas otras especies de aves acuáticas.

—¿Por qué vas allá? —pregunté, consciente de que gracias a sus viajes continuos podría ir a cualquier lugar del mundo.

—Porque es un dramático recordatorio de la resiliencia de la que hemos estado hablando. Porque a pesar de que hemos contaminado el río, a pesar de que las praderas se han reconvertido en campos de maíz genéticamente modificado, a pesar de que la irrigación agrícola está agotando el gran acuífero de Ogalla, a pesar de que la mayor parte de los humedales han sido drenados, año con año las aves siguen acudiendo por millones para engordar con el grano que queda después de la cosecha. Me encanta sentarme en la orilla del río y ver volar a las grullas, oleada tras oleada, contra una gloriosa puesta de sol; escuchar sus antiguos graznidos salvajes... es algo muy especial.

”Me recuerda el poder de la naturaleza. Cuando el sol rojizo termina por ocultarse tras la línea de los árboles en la orilla opuesta, se extiende por toda la superficie del somero río una manta de plumas grises formada por las aves que se acomodan para pasar la noche, y sus antiguas voces quedan en silencio. Y caminamos de regreso a la cabaña en la oscuridad.

Los ojos de Jane estaban cerrados y su rostro resplandecía, sin duda recordando esos mágicos acontecimientos y sintiéndose renovada.

Le di un trago a mi whisky y sentí cómo se extendía la tibieza por mi pecho.

—Tengo que contarte una experiencia inolvidable que tuve en la naturaleza y que me da esperanza —dije.

—Cuéntame —dijo Jane, entusiasmada por escuchar otra historia que agregar a su colección.

—Tiene que ver con las ballenas grises, cazadas casi hasta la extinción y que ahora no sólo están recuperándose, sino que se acercan a interactuar con los humanos, sus viejos enemigos mortales. Las llaman ballenas grises amigables.

—Sí, he escuchado sobre ellas. Son muy sorprendentes.

—Tuve una experiencia en el criadero de ballenas de Baja California, en México, que me conmovió profundamente. Noté que una ballena era extremadamente blanca, lo que según explicó nuestro guía ocurre cuando son muy viejas. Su cuerpo y su cola tenían muchos rasguños y cicatrices, que suelen ser resultado de años de defender a sus bebés de las orcas que tratan de devorar a los jóvenes en su migración anual de Alaska a Baja California. Cuando la ballena se acercó pudimos ver muchos percebes fijos a su piel, y una profunda hendidura detrás de su espiráculo, que también eran señales de que se trataba de una ballena muy vieja. Nuestro guía nos explicó que seguramente se trataba de una abuela.

”Entre un remolino de agua burbujeante, la cabeza de la abuela ballena apareció cerca de nuestro bote. Elevó el mentón hacia la barandilla del bote y pudimos acariciar su piel plateada. Donde no había percebes, era suave y esponjosa, y podíamos sentir su suave grasa por debajo. Mientras la acariciábamos, se volvió hacia un lado y abrió la boca, mostrándonos sus barbas, una señal de que estaba relajada. Y luego observó con sus hermosos ojos cómo sonreíamos y nos reíamos desde el barco. No sé qué tanto vio, pero estaba claro que se sentía segura y que buscaba conectar con nosotros, en estas bahías en las que posiblemente casi exterminamos a su especie en el transcurso de su propia vida. Me conmovió tanto que me rodaban lágrimas por las mejillas. Nuestro guía se quedó detrás y nos dijo: ‘Esta ballena nos ha perdonado. Perdonó lo que fuimos y puede ver quiénes somos hoy’.

—Es extraordinario cuando reconocemos nuestra conexión con el mundo natural —dijo Jane, asintiendo.

—¿Puedes contarme más sobre los lugares en los que sientes con más fuerza esta conexión? —le pedí.

—Bueno. Por supuesto, voy cada año a Gombe. Me siento en la cumbre que domina el lago Tanganika, veo hacia las lejanas montañas del Congo, donde pasé tanto tiempo de joven. Y en la orilla de este enorme lago, el más grande y el segundo más profundo del mundo, el sol se oculta bajo las montañas y el cielo se tiñe del rosa más pálido y luego de carmesí. O se arremolinan negras nubes de lluvia, rugen los truenos, se encienden los relámpagos y se hace de noche.

"Y a veces, cuando me tiro de espaldas en algún lugar tranquilo y miro hacia arriba, al cielo, y las estrellas comienzan a aparecer tímidamente conforme se agota la luz del día, me veo a mí misma como una diminuta mota de conciencia en la enormidad del universo.

En ese momento sentí que podía quedarme allí para siempre, junto al fuego, escuchando las historias de Jane, pero al ver las estrellas por las ventanas supe que era hora de irse, de descansar, para que pudiéramos volver al día siguiente a explorar sus últimas dos razones para la esperanza.

—¿Lo dejamos por hoy? —pregunté.

—Sólo quiero compartir una última historia sobre la esperanza y la resiliencia de la naturaleza —pidió Jane, volviendo de su profundo ensueño.

"El año pasado, durante el Día Internacional de la Paz de la ONU, fui parte de una ceremonia muy especial en Nueva York. Había unos veinte miembros del programa internacional para jóvenes del Instituto Jane Goodall, Roots & Shoots (Raíces y Brotes), muchos de ellos adolescentes afroamericanos de todo Estados Unidos. Nos habíamos reunido alrededor del Árbol Superviviente, ese árbol que rescataron tras ser aplastado y herido durante el 9/11. El dedicado viverista Richie Cabo, que había ayudado a curarlo, estaba con nosotros. Volteamos a ver las fuertes ramas que se extendían hacia el cielo.

"Hacía apenas unos días estaban llenas de hermosos capullos blancos, pero ahora las hojas comenzaban a caer. Permanecimos en silencio y oramos por la paz en la Tierra, por el fin del odio racial y la discriminación, por un renovado respeto por los animales y la naturaleza. Observé los jóvenes rostros que me rodeaban, los rostros de quienes heredarían un planeta herido por incontables generaciones de humanos. Y entonces lo vi, la delicada perfección del nido de algún pajarito. Imaginé a los padres alimentando a los polluelos, el momento de salir del nido, el primer vuelo esperanzado hacia un mundo desconocido. Los niños también miraban hacia el nido. Unos sonreían, otros tenían lágrimas en los ojos. Ellos también estaban listos para salir al mundo. Y el Árbol Superviviente, rescatado del borde de la muerte, no sólo había echado nuevas hojas, sino que sostenía las vidas de otros.

Jane se volvió hacia mí, allí en esa pequeña cabaña en los bosques de los Países Bajos.

—¿Ahora entiendes por qué me atrevo a tener esperanza? —preguntó suavemente.

Visitando el Árbol Superviviente durante el Día Internacional de la Paz de la ONU. Las únicas huellas de su sufrimiento son las profundas heridas de su tronco. Dos de los hombres que le dieron la oportunidad de sobrevivir se encuentran conmigo: Richie Carbo, el viverista, está justo a mi lado, y a mi derecha se encuentra Ron Vega, que se aseguró de que tuviera un hogar en este sitio conmemorativo (Mark Maglio).

Razón 3: el poder de los jóvenes

—Siempre he querido trabajar con niños —explicó Jane—. Es curioso, pero cuando era joven solía pensar: "Un día seré vieja" (como lo soy ahora), y siempre me imaginaba sentada en una silla rústica bajo un árbol, contándole historias a un grupo de niños.

Con un grupo de Raíces y Brotes, quienes fueron invitados a la ONU conmigo para el Día Internacional de la Paz (Instituto Jane Goodall / Mary Lewis).

Resultaba fácil imaginar a Jane bajo su amada haya, rodeada de niños. Podía ver los árboles que se asomaban por las dos ventanas junto a nosotros, pero agradecía lo calientitos que estábamos dentro, sentados junto a la chimenea.

El sol de la mañana encendía las mejillas de Jane ahora que comenzaba este nuevo día de entrevista. Viéndola con su suéter de cuello de tortuga color salmón y una chamarra acolchonada de color gris, noté que nunca he pensado en ella como una persona vieja. Tiene algo enormemente vibrante, vivo, incontenible. Me maravillé por lo distinto que es el envejecimiento de las personas: hay quienes a los cuarenta y cincuenta años de edad parecen derrotados por la vida y comienzan a esfumarse; otros, de ochenta, noventa y más parecen seguir infinitamente curiosos y comprometidos con todo lo que hay por descubrir en el gran laboratorio de la vida.

Justo entonces, como si hubieran llegado para conducirnos en dirección de la tercera razón de Jane para la esperanza, escuchamos risas infantiles afuera.

—Las pláticas que más me gusta dar —contó Jane— son para estudiantes de secundaria, preparatoria y universidad. Están tan conectados, tan vivos. Pero, de hecho, funcionan mejor de lo que puedas imaginarte con los más chiquitos. Se retuercen en el suelo mientras les cuento una historia y pienso: "No me están escuchando", pero luego me encuentro a los padres, y resulta que los niños les han contado exactamente lo mismo que les dije. A esa edad no se supone que se queden quietos (lo mismo ocurre con un chimpancé bebé), porque aprenden y escuchan al tiempo que juegan. Por eso la escuela puede ser tan mala para ellos: mantiene a los niños pequeños sentados. Es pésimo, no tendrían por qué estar sentados; se supone que deben aprender mediante la experiencia. Por suerte, la mayor parte de las escuelas comienzan a transformarse, a llevar a los niños a la naturaleza, a responder sus preguntas y a animarlos a dibujar y contar historias.

—¿Cómo comenzaste a trabajar con gente joven? —pregunté.

—Cuando empecé a viajar por todo el mundo para crear conciencia sobre la crisis ambiental, conocí a jóvenes de todos los continentes que estaban apáticos o desinteresados, o enojados y a veces violentos, o profundamente deprimidos. Comencé a hablar con ellos, y todos decían más o menos lo mismo: "Nos sentimos así porque nuestro futuro está en peligro y no hay nada que podamos hacer". Y tienen razón. Hemos puesto en peligro su futuro.

"Hay un dicho famoso —continuó Jane— que va así: 'No heredamos la Tierra de nuestros ancestros: la tomamos prestada de nuestros hijos'. Pero no la hemos tomado *prestada.* ¡Nos la robamos! Cuando tomas algo prestado, se supone que lo devolverás. Nosotros llevamos muchos años robándonos su futuro, y la magnitud de nuestro robo ha alcanzado proporciones absolutamente inaceptables.

—Y no sólo le estamos robando a esta generación —añadí—, sino a todas las generaciones futuras. Hay quien la llama injusticia intergeneracional, porque los niños del futuro, la gente del futuro, no tiene voz ni voto en nuestras salas de juntas.

—Sí, es exactamente así —comentó Jane—. Pero no estuve de acuerdo con los jóvenes que me dijeron que no había nada que pudieran hacer al respecto. Les dije que tenemos una ventana de tiempo en la que si las personas de todas las edades (jóvenes y viejos) trabajamos en conjunto, podemos al menos comenzar a sanar los daños que hemos infligido y a desacelerar el cambio climático.

"Si *todos* —continuó— empezamos a pensar en las consecuencias de nuestros actos, por ejemplo, en lo que compramos (y aquí incluyo a los jóvenes, que les piden a sus padres que les compren cosas), si *todos* comenzamos a preguntarnos si su producción dañó el medio ambiente o lastimó a los animales, o si esa cosa es barata gracias a la esclavitud laboral infantil o los salarios de hambre y nos negamos a comprarla, la suma de miles de millones de estas decisiones éticas nos acercaría un poquito al mundo que necesitamos tener.

Esta filosofía, la de que "todos podemos marcar la diferencia", condujo a Jane a arrancar su programa para jóvenes, Raíces y Brotes, en 1991.

—¿Puedes contarme cómo comenzó Raíces y Brotes? —le pregunté.

—Fueron a visitarme a mi casa en Dar es Salaam doce jóvenes estudiantes de secundaria provenientes de ocho escuelas de Tanzania. A algunos les preocupaban cosas como la destrucción de los arrecifes de coral a causa del uso ilegal de dinamita, o la caza furtiva en los parques nacionales. ¿Por qué el gobierno no hacía nada para frenarlas? A otros les preocupaba la situación de los niños de la calle, y a otros más, el maltrato de los perros callejeros y los animales en los mercados. Discutimos sobre todas esas cosas y les sugerí que hicieran algo para mejorarlas.

"Así que volvieron a sus escuelas, convocaron a otros jóvenes que también estaban preocupados, tuvimos otra reunión y nació Raíces y Brotes. Su mensaje principal es que cada individuo importa, cada individuo tiene un papel y un impacto sobre el planeta *todos los días.* Y podemos decidir qué clase de impacto queremos tener.

—Entonces, ¿no tiene que ver sólo con el medio ambiente?

—No. Se trata de entender que todo está interrelacionado. Por eso decidimos que cada grupo elegiría tres proyectos para ayudar a hacer del mundo un mejor lugar para las personas, los animales y el medio ambiente, comenzando en su propia comunidad. Debían discutir qué cosas podían hacer, prepararse para el trabajo que los esperaba y poner manos a la obra: entrar en acción.

—¿Cómo respondió la gente a la activación de estos estudiantes?

—El primer grupo de Raíces y Brotes recibió burlas por limpiar una playa sin que les pagaran; se supone que sólo trabajas gratis para tus padres, ¡porque tienes que hacerlo! —narró Jane, riéndose entre dientes—. Pero pronto se dio un estallido de actividad que generó un nuevo fenómeno en Tanzania: el voluntariado.

"Se trataba de un programa comunitario al que se sumaron cada vez más escuelas. Muchos grupos decidieron plantar árboles en los áridos patios escolares, y en el transcurso de unos pocos años (los árboles crecen rápido en los trópicos) todas esas escuelas tuvieron áreas sombreadas en las que los estudiantes podían relajarse o trabajar rodeados por árboles y pájaros.

Desde entonces, Raíces y Brotes se ha convertido en un movimiento global con cientos de miles de miembros que cursan desde el kínder hasta la universidad y viven en ochenta y seis países, y aumentando.

—Lo que me da esperanza —continuó Jane— es que adonde quiera que voy, encuentro jóvenes llenos de energía que quieren mostrarme lo que han hecho y lo que siguen haciendo para transformar el mundo en un lugar mejor. Una vez que entienden los problemas y los empoderamos para entrar en acción, casi siempre quieren ayudar. Su energía, entusiasmo y creatividad son inagotables.

—La percepción pública es que muchos jóvenes, especialmente los más privilegiados, en los países desarrollados, son materialistas o egocéntricos —sugerí.

Jane aceptó que en algunos casos es así, pero desde luego, no siempre.

—Tenemos muchos programas de Raíces y Brotes en escuelas privadas, y con frecuencia los niños que vienen de situaciones privilegiadas están profundamente involucrados y en verdad quieren ayudar. Sólo necesitan algunas historias que les lleguen al corazón y les despierten la satisfacción que todos obtenemos cuando hacemos algo útil.

—Éste es justo el caso de mis hijos —comenté—. A lo largo de los años he visto cómo una conciencia cada vez más aguda de los problemas del mundo los ha impulsado a adoptar causas que les importan. Me pregunto qué ocurre con los chicos que viven en situaciones difíciles. Sé que también has trabajado con jóvenes que viven en la pobreza extrema y en campamentos de refugiados.

—Sí, me he dado cuenta de que los niños que viven en comunidades marginadas están muy motivados para ayudar a los demás. Siempre me conmueve ver el entusiasmo que brilla en los ojos de estos niños cuando les digo que pueden marcar la diferencia. Que el mundo los necesita. Y sobre todo, que son importantes.

Jane hizo una pausa y pareció perderse en sus pensamientos. Esperé.

—Me quedé pensando en la primera vez que supe con certeza que el programa iba a funcionar —dijo—. Sabía que le estaba yendo muy bien en Tanzania y en una escuela internacional y una privada en Estados Unidos. Pero ¿qué pasaría con una escuela de bajos recursos en el Bronx? ¿Habría manera de empoderar a esos jóvenes para hacer la diferencia?

Jane conoció a una maestra, Renée Gunther, que organizó una visita para que Jane fuera a hablar a su escuela. Le explicó que era la segunda escuela primaria más pobre del estado de Nueva York.

—Casi todos los niños tenían hermanos mayores o padres que pertenecían a pandillas —explicó Jane—, y abundaban tanto la drogadicción como el alcoholismo. Les conté a los chicos, en un auditorio todo destartalado, sobre los chimpancés y sobre Raíces y Brotes. Para mi deleite, a muchos realmente pareció interesarles, y hubo muchas preguntas, en particular sobre una de las diapositivas que proyecté, que mostraba a un chimpancé disfrazado en un circo. Cuando les expliqué que el entrenamiento de los chimpancés para los circos es muy cruel, y cómo son separados de sus madres, me quedó claro que estos niños sentían empatía hacia ellos.

Al año siguiente, Renée le pidió a Jane que volviera a visitarlos.

—Me encontré con ella y con el director, y me contaron que algunos niños habían estado ansiosos por comenzar grupos de Raíces y Brotes y querían mostrarme lo que habían decidido hacer. Al terminar, la maestra me dijo: "Estoy segura de que has visto presentaciones más refinadas, pero ésta es la primera vez en su vida que estos niños presentan algo". Tenían lágrimas en los ojos.

"El primer grupo de niños quería prohibir el uso de envases de espuma de poliestireno de sus almuerzos escolares. Habían ensayado una pequeña parodia. Un chico representó el papel de gerente de una compañía y otro el de vocero del pequeño grupo de miembros de Raíces y Brotes. No sólo conocían una cantidad asombrosas de datos sobre este material, ¡sino que también actuaban muy bien! De hecho, luego los invitaron a hacer su presentación frente al presidente del distrito del Bronx. ¡Y consiguieron que se prohibiera la espuma de poliestireno en su escuela!

—Esto debe de haberlos llenado de orgullo —reflexioné—. Y seguro los hizo sentir que los chicos en verdad pueden cambiar las cosas.

—Sí, por eso es tan emocionante —concordó Jane—. Luego hizo su presentación Travis, un niño afroamericano de once años que me impresionó aún más. Su maestro me explicó que antes de unirse a Raíces y Brotes rara vez asistía a la escuela. Y cuando iba, se sentaba hasta atrás del salón y ocultaba el rostro bajo la capucha de su sudadera. Nunca hablaba.

”Bueno, pues Travis pasó al frente y se paró muy derecho frente a mí, mirándome fijamente. El otro miembro de su grupo se quedó de pie en silencio detrás de él. Travis me contó que había visto en una caja de cereal a un chimpancé disfrazado. Se suponía que el chimpancé estaba sonriendo, feliz. ‘Pero tú nos dijiste que esa cara no era una sonrisa, era porque tenía miedo’, dijo. ‘Así que te escribí y me respondiste que era correcto.’ Parándose aún más derecho, me miró a los ojos. ‘Entonces decidí *entrar en acción*’, explicó. Él y sus amigos le escribieron al gerente de la compañía y recibieron una carta de agradecimiento. Muchas otras personas se habían mostrado en desacuerdo por el chimpancé en la caja de cereal, pero Travis no lo sabía. ¡Imagina cómo se sintió cuando se retiró el anuncio!

—Uno de los elementos determinantes para tener esperanza es hacerse consciente de la *voluntad propia*, la habilidad de ser efectivos —comenté—. Esto le debe de haber cambiado la vida. Hace que uno se pregunte qué pequeños éxitos trazaron el camino de Gandhi o de Mandela.

—Sí, y por eso me apasiona tanto trabajar con jóvenes de todos los orígenes. Con mucha frecuencia, sólo necesitan una oportunidad, un poco de atención, alguien que los escuche, los anime y muestre interés en ellos. Si tienen ese apoyo y se dan cuenta de que en efecto pueden lograr cambios, su impacto puede ser inmenso.

El amor en un lugar sin esperanza

Jane narró muchas otras historias inspiradoras sobre grupos de Raíces y Brotes, y cómo iban transformando sus comunidades. Me conmovió particularmente lo que me contó sobre el encuentro que impulsó su deseo por llevar programas de Raíces y Brotes a reservaciones de Estados Unidos.

—En 2005, tras una de mis charlas en Nueva York —dijo Jane—, alguien dejó una nota en la puerta del escenario. En ella, un indio norteamericano llamado Robert Montaña Blanca me preguntaba si podía pasar a la zona de bastidores a hablar conmigo. Me dejó atónita cuando me contó que hacía poco su hijo se había suicidado colgándose.

Robert Montaña Blanca le dijo a Jane que su hogar en Dakota del Norte tenía una de las tasas de suicidio más altas de Estados Unidos: se registraban entre tres y seis suicidios o intentos de suicidio a la semana. Sólo quince de los jóvenes con los que su hijo había asistido a la escuela seguían vivos. Al enterrar a su hijo, Robert se prometió a sí mismo en silencio que haría algo al respecto. Había escuchado sobre una mujer llamada Jane Goodall y su programa Raíces y Brotes, y en su desesperación, se preguntó si ella podía ayudarlo.

—Entonces, ¿pudiste? —le pregunté a Jane.

—Pues conseguí llegar hasta su comunidad. Me llevó de visita al centro de acogida que había creado para jóvenes víctimas de las drogas, el alcohol y la violencia de sus hogares; era un edificio diminuto, sin ventanas y con muy pocos muebles. Me contó sobre la vida en su reservación, sobre la altísima incidencia de pobreza y desempleo que con frecuencia conducían a la desesperanza, el desamparo, el alcohol, las drogas y la violencia.

"Me parecía impensable que pudiera existir una comunidad como ésta, donde la gente vive en condiciones peores que las de muchos países en desarrollo, en medio del país más rico del planeta.

Mientras hablaba, era claro que el recuerdo de esta conversación aún perturbaba a Jane. Robert le contó que su gente solía ser llamada guardiana de la tierra, pero que con los años habían perdido esa conexión.

—Este encuentro, hace quince años, condujo a muchas otras reuniones y lazos de amistad con ancianos y jefes de todo Estados Unidos y Canadá —explicó Jane—. Con algunos de ellos conservo un profundo vínculo espiritual.

—¿Pudiste establecer programas en alguna de las reservas de Estados Unidos? —le pregunté.

—Hasta ahora, sólo en una —respondió—. En la Reserva Pine Ridge de Dakota del Sur, otra comunidad en la que son frecuentes el alcoholismo, la drogadicción y los suicidios. Todo comenzó de manera imprevista: había organizado una reunión con ancianos de las tribus de Dakota del Sur para que me conocieran a mí y a algunos integrantes de mi equipo, con el fin de conversar sobre cómo podíamos comenzar un programa para jóvenes. Invité a un joven, Jason Schoch, a quien había conocido un par de años antes, durante un periodo en el que él se encontraba en una profunda depresión; sabía que quería aprovechar su propia experiencia para ayudar a otros chicos. Al final, sólo se reunió un grupo pequeño; ninguno de los jefes locales pudo acudir a causa de una anómala tormenta de nieve. Pero sí fue una joven: Patricia Hammond, cuya madre era lakota. Patricia y su familia vivían en la Reserva Pine Ridge. Aunque Patricia y Jason acababan de conocerse, pasaron todo el tiempo que estuvimos aislados por la nieve planeando cómo arrancar un grupo de Raíces y Brotes en la reserva. Jason volvió a California, donde trabajaba, pero bueno... cuando ya no pudo pagar sus llamadas nocturnas a Patricia, ¡se mudó a Dakota del Sur con ella!

Jane me contó que Patricia y Jason comenzaron a buscar formas de reconectar a los jóvenes de Pine Ridge con la naturaleza y con su cultura. Hicieron un grupo para recoger basura y plantar un pequeño jardín orgánico. Querían enseñarles a los chicos sobre alimentos tradicionales y plantas medicinales.

—Revivieron las tradicionales parcelas hidatsa o de las "tres hermanas" —explicó Jane—, donde se siembran juntos maíz, frijol y calabaza.

Estas parcelas producen cosechas abundantes y de alta calidad con un impacto ambiental mínimo. El maíz funciona como andamio para que trepen los frijoles; los frijoles reponen nutrientes del suelo y las grandes hojas de las calabazas proporcionan una cobertura viva y dan sombra, conservan el agua y controlan las malas hierbas.

Con ayuda de los ancianos, Patricia Hammons les enseñó a los grupos de Tallos y Raíces de la Reserva Pine Ridge de Dakota del Sur sobre plantas tradicionales (Jason Schoch).

—Durante la primera temporada, todo lo que sembraron en esta pequeña parcela floreció. El maíz alcanzó dos metros de altura, pero justo cuando los niños se preparaban, emocionados, para cosecharlo, uno de los miembros de Raíces y Brotes tuvo un fin de semana especialmente difícil y sufrió una crisis emocional, tras la cual rompió la valla y cortó y pisoteó todo el maíz.

"Patricia me contó que le dieron ganas de rendirse —dijo Jane—. Pero en vez de eso, ella, Jason y los niños del grupo repararon la valla y volvieron a empezar. Patricia y Jason terminaron por crear doce jardines comunitarios y tres mercados de productores para la comunidad. Dijo que los jardines ayudaron a su comunidad a reconectarse con la tierra y a sentir esperanza y alegría.

"Creo que los tres pilares de Raíces y Brotes —concluyó Jane—, ayudar a la gente, a los animales y al medio ambiente, resuenan con las antiguas creencias de muchos pueblos indígenas: que todos somos uno mismo.

Cuando los jóvenes empezaron a ayudar con los proyectos y a planear los suyos, recuperaron un sentido de propósito y de amor propio que les faltaba.

—Raíces y Brotes realmente marcó un cambio —añadió Jane—. Muchos de sus miembros se graduaron de la preparatoria, y un par fue a la universidad. Y Jason y Patricia siguen nutriendo y extendiendo su trabajo en la reserva.

—Me parece inspirador —observé— que el programa pueda marcar un cambio incluso en una comunidad en la que tantos otros programas han fracasado.

Jane sonrió.

Los niños de Pine Ridge se han dedicado a la jardinería con orgullo y regocijo (Jason Schoch).

—Creo que tiene éxito por diversas razones —explicó—. En primer lugar, porque los jóvenes tienen voz en la selección de actividades. Es un movimiento de base. Y si ellos *eligen* un proyecto, trabajan en él con gran entusiasmo y pasión. En segundo lugar, la mayor parte de los grupos se ubican en escuelas, y todos los maestros que acceden a involucrarse lo hacen porque los inspira el concepto: que sea un programa que acoge todas las inquietudes e intereses de distintos miembros del grupo. Siempre hay algunos alumnos que quieren ayudar y aprender sobre animales, algunos a los que les preocupan más los temas sociales y algunos apasionados por su medio ambiente. Además, vincula a jóvenes de distintos países, y es una excelente forma de aprender sobre otras culturas.

Cuanto más hablaba Jane sobre estos chicos, más se animaba.

—Todos estos jóvenes hacen que el mundo sea mejor cada día —siguió—, y cada vez que terminan un proyecto con éxito, su sentido de empoderamiento crece y se sienten más seguros de ellos mismos. Y como siempre estamos buscando asociarnos con otras organizaciones juveniles que compartan nuestros valores, los estudiantes sienten más y más esperanzas de triunfar. Y una y otra vez alcanzan el objetivo que se propusieron.

Las historias de Jane confirmaron que cuando sentimos que podemos cambiar las cosas y nos dan los medios para hacerlo, se pueden obtener resultados

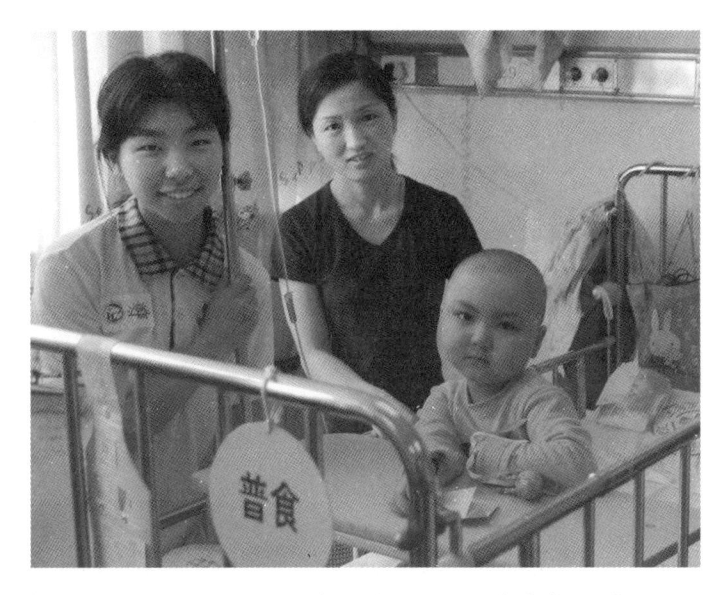

Estudiantes universitarios miembros de un grupo de Raíces y Brotes en China visitan a un niño con cáncer para llevarle juguetes y contarle cuentos (Instituto Jane Goodall / Chase Pickering).

positivos que a su vez ayudan a que prevalezca la esperanza. Son un ejemplo elocuente de las circunstancias que, según los investigadores, contribuyen a la esperanza: metas claras e inspiradoras, formas realistas de alcanzarlas, la certeza de que pueden cumplirse y apoyo social continuo en condiciones adversas.

Jane me contó otra historia sobre un lugar en el que reinaba la desesperanza, un campo para refugiados congoleños gestionado por la oficina del Alto Comisionado de las Naciones Unidas para los Refugiados (ACNUR) en Tanzania. Me explicó que el programa Raíces y Brotes originalmente fue llevado al enorme campamento por un funcionario iraní de ACNUR, pero debió irse poco después, y tres jóvenes voluntarios tanzanos, uno tras otro, continuaron la tarea.

—Enfrentaron una burocracia interminable. Les dieron una oficina diminuta y un lugar para vivir, pero con el tiempo crearon grupos de Raíces y Brotes en varias de las escuelas.

También allí se organizaron y obtuvieron fondos para enseñarles a los miembros habilidades como jardinería orgánica, peluquería, cocina y cría de gallinas, que con el tiempo reemplazaron con éxito la caza ilegal de animales silvestres.

—Durante una de mis visitas, a cada familia de Raíces y Brotes le regalaron una gallina y un gallo —explicó Jane—. Sabíamos que cuidarían bien a los animales porque los niños habían aprendido a alimentarlos y a mantenerlos seguros de noche. Durante el día picoteaban alrededor de las casas. Para padres e hijos que tenían tan pocas posesiones, se trató de un regalo precioso. Pronto las gallinas tuvieron pequeñas bandadas de pollitos y las familias se dieron el lujo de añadir huevos a su ayuda de arroz y mandioca. Por supuesto, nuestros grupos de Raíces y Brotes también producían vegetales frescos.

—¿Qué pasó con los refugiados? —pregunté.

—Poco después de esto, los repatriaron por la fuerza a la República Democrática de Congo. A muchos les daba miedo volver a casa, porque ya no les quedaba familia allí; todos habían sido asesinados durante los conflictos. Me contaron que cuando volvieron, los grupos de Raíces y Brotes se llevaron sus pollos y las semillas que preservaron de sus jardines.

Jane me relató que, durante los primeros meses, la ACNUR alojó a los refugiados que volvían en un campo de acogida, mientras trataban de determinar qué pasaría con ellos.

—Un par de meses después —continuó Jane— recibí la carta de un visitante a este campo. Contaba que era deprimente: piso de tierra, gente de mirada ausente, niños sentados con desgana frente a sus tiendas. Siguió caminando por el campo y de pronto llegó a una zona con una atmósfera distinta. Los niños corrían por todos lados y reían. Unas gallinas picoteaban un trozo de tierra en el que se había permitido que creciera un poco de pasto. Unos adolescentes trabajaban en una pequeña parcela. El visitante le preguntó a su anfitrión por qué esa zona era diferente. "Pues no sé bien. Pero es algo llamado Raíces y Brotes".

Hijos de migrantes urbanos chinos. Los estudiantes universitarios chinos los ayudaron a entender que eran importantes y que podían cambiar las cosas (Raíces y Brotes, Instituto Jane Goodall, Beijing, China).

"No quiero su esperanza"

Por supuesto, Raíces y Brotes es sólo una de varias organizaciones que trabajan para empoderar, educar y activar a los jóvenes. Por todo el mundo, los jóvenes han ido tomando las calles para exigir cambios. Greta Thunberg, la activista ambiental que a los quince años comenzó a protestar afuera del Parlamento sueco con un cartel que decía HUELGA ESCOLAR POR EL CLIMA, inició los "Viernes para el Futuro". Greta ha conversado con líderes mundiales y ha hablado en eventos de gran envergadura; millones de personas han participado en estas protestas por el clima organizadas por gente joven.

Le pregunté a Jane si conocía a Greta Thunberg.

—Sí, la conozco; es fantástica. Ha logrado crear conciencia sobre la crisis climática en muchas partes del mundo, y no sólo entre los jóvenes.

Me pregunté qué pensaba Jane del provocador discurso que dio Thunberg en el Foro Económico Mundial, cuando declaró: "Los adultos se la pasan diciendo: 'Nuestra obligación es darles esperanza a los jóvenes'. Pero no quiero su esperanza. No quiero tener esperanza. Quiero su pánico. Quiero que todos los días sientan el temor que yo siento, y quiero que actúen. Quiero que actúen como lo harían durante una crisis. Quiero que actúen como si su casa estuviera incendiándose. Porque así es". Le pregunté a Jane qué pensaba sobre las críticas de Greta a la esperanza, y sobre su opinión de que el miedo es una reacción más adecuada.

—Es que *sí* tenemos que responder con miedo y rabia a lo que está ocurriendo —respondió Jane—. Nuestra casa *sí* está incendiándose. Pero si no tenemos esperanza en que podemos apagar el fuego, nos vamos a dar por vencidos. No se trata de tener esperanza *o* miedo... *o* rabia. Necesitamos usar todo lo que tengamos.

—Tenemos muchos problemas. Cuando los adultos dicen que los niños serán quienes resuelvan estos problemas, ¿no se están lavando las manos?

Jane se irguió en su silla, claramente estimulada por mi pregunta.

—De hecho, me enfurece que la gente diga que les va a tocar a los jóvenes resolverlo todo —afirmó—. Por supuesto que no podemos, y no debemos, esperar que resuelvan todos nuestros problemas. Tenemos que ayudarlos, alentarlos, empoderarlos, escucharlos y educarlos. En verdad creo que los jóvenes actuales van a estar a la altura de forma muy notable. Una vez que entiendan los problemas y se sientan empoderados para pasar a la acción... bueno, pues están cambiando el mundo ahora mismo.

"Y no sólo se trata de lo que hagan *ellos* —añadió—. Me parece especialmente emocionante ver cómo los niños influyen en sus padres y abuelos. Muchos papás y mamás me han confesado que nunca pensaron en los productos que compraban sino hasta que sus hijos les explicaron lo que estaban aprendiendo sobre el medio ambiente.

—¿Y qué tal funcionó eso? —pregunté, pensando en mi propia experiencia como padre y en cómo mis hijos promovieron que compráramos productos sustentables y llevaron a mi familia a hacer muchos cambios en términos de lo que consumimos y compramos.

Jane prosiguió.

—Uno de los mejores ejemplos que conozco proviene de China. En 2008 una niña de diez años de nombre Joy acudió a una de mis charlas, y al terminar les rogó a sus padres que la ayudaran a inaugurar el primer grupo de Raíces y Brotes en Chengdu. Su lema era una cita mía: "Sólo cuando entendemos, nos interesa. Sólo cuando nos interesa, ayudamos. Sólo si ayudamos, nos salvaremos todos". Al principio, los niños siguieron las sugerencias de sus maestros, pero pronto pudieron diseñar y llevar a cabo proyectos propios. Se convirtieron en uno de los grupos más activos. Unos años después recibí una carta de la madre de Joy, traducida del chino por su hija, que había aprendido inglés ¡para poder comunicarse conmigo! Tengo que leértela —dijo Jane y se paró de un salto para ir por su laptop.

"Dice así: 'Cuando nuestros niños formaron un grupo de Raíces y Brotes en la escuela cambiaron nuestra forma de pensar. No exagero al decir que la mayor parte de nosotros jamás se habría preocupado por el medio ambiente de no ser por nuestros hijos. Tal vez aún tendríamos el mismo estilo de vida insensible, sin preocupaciones por nada en este planeta más que nosotros mismos. Nuestros hijos usaron una luz brillante para conducirnos por un camino distinto en nuestras vidas. Yo comencé mi propia transformación, de la aceptación pasiva a la participación activa, cuando mi hija trajo a casa toda la información de Raíces y Brotes. Pasé de ser una consumidora egoísta a una que aprendió a eliminar las compras innecesarias'.

Por todo el mundo hay jóvenes que limpian la basura de las calles y las playas, y que instalan botes de reciclado en las cafeterías escolares, como la de Kibale, Uganda (Instituto Jane Goodall / Mie Horiuchi).

—Qué carta más asombrosa —exclamé en cuanto Jane terminó de leerla. Luego supe que la historia se ponía aún mejor.

Jane ha guardado su correspondencia personal con Joy a lo largo de los años, y supo que su mamá se había vuelto tan entusiasta que empezó a impartir clases y a escribir obras de teatro que tienen que ver con la protección al medio ambiente.

Y Joy, que hoy tiene dieciocho años y va a la universidad, ha movilizado al gobierno local que apoya a su grupo de Raíces y Brotes para orquestar un exitoso programa de reciclaje que busca liberar Chengdu de la basura.

La historia de Jane sobre Joy y su madre me recordó otra que le escuché contar a Christiana Figueres, una de las artífices del Acuerdo de París. Durante un encuentro del Foro Económico Mundial, Ben van Beurden, el director de Royal Dutch Shell, solicitó una reunión personal con ella a solas, sin todo el cortejo que suele acompañar a personajes como ellos en esa clase de eventos. Al terminar su reunión, Van Beurden le dijo: "Christiana, te voy a confiar una cosa. Ambos somos padres". Y le contó sobre el momento en el que su hija, por entonces de diez años, le preguntó si era verdad que su compañía estaba destruyendo el planeta. Él le prometió que haría lo que fuera para asegurarse de que crecería en un planeta seguro y sustentable para ella y las futuras generaciones. Así fue como decidió apoyar el Acuerdo de París.

Me quedaba claro que Jane y sus treinta y un Institutos Jane Goodall alrededor del mundo están inspirando a un joven ejército de defensores del medio ambiente en más de sesenta y cinco países, pero aun así me preguntaba si es suficiente para cambiar los valores de nuestra sociedad extractiva y consumista sin que medie un liderazgo vertical. Quería saber exactamente por qué había depositado tantas esperanzas en esta nueva generación, y si no era un error pensar que los jóvenes en verdad pueden actuar sobre los problemas que crearon las generaciones anteriores.

Millones de gotas forman un océano

—Muchos de los visionarios de edad mayor que conozco me dicen que los jóvenes los llenan de esperanza —anoté—, pero aun así me preguntó qué ves exactamente en estos jóvenes que te hace sentir de esa manera. ¿Crees que esta generación es diferente de las anteriores?

—En términos del ambiente y la justicia social —respondió Jane—, esta generación *sí* es distinta. Cuando yo era niña, no nos enseñaban nada sobre estos temas en la escuela. Pero con el tiempo más y más activistas comenzaron a escribir al respecto. Uno de los libros más influyentes de la década de 1960 fue *La primavera silenciosa*, de Rachel Carson, sobre los horrendos daños provocados por el uso de DDT.

—Es verdad, ese libro contribuyó en gran medida a catalizar un movimiento —concordé—. El libro o la película correcta en el momento adecuado pueden cambiar la cultura. *Una verdad incómoda*, de Al Gore, es otro ejemplo. Libros como *El color de la justicia*, de Michelle Alexander, y *Cuestión de justicia*, de Bryan Stevenson, han ayudado a crear un movimiento para la reforma de la justicia penal en Estados Unidos.

—Sí, es verdad. Paulatinamente, a lo largo de los últimos sesenta años, estos temas han salido a la luz, y algunas escuelas comenzaron a incluir la conciencia ecológica y la justicia social en sus programas. Además, aun si no los enseñan en la escuela, hoy en día aparecen en las noticias, en la televisión, en todos lados. Los niños no pueden evadir el tema de la crisis climática (la contaminación, la deforestación, la pérdida de biodiversidad) y aún menos el de las crisis sociales (el racismo, la desigualdad, la pobreza). Así que los jóvenes actuales están mucho mejor equipados de lo que lo estuvimos nosotros para entender y enfrentar los problemas que hemos creado. Y para comprender cómo se conectan todos entre sí.

—Por supuesto —noté—, es genial que estemos educando a las generaciones futuras para ser más conscientes ambiental y socialmente, y que ellos estén transformando las ideas de sus padres, pero los desafíos colosales que enfrentamos están ocurriendo *hoy.* Necesitamos líderes revolucionarios ahora mismo. No podemos darnos el lujo de esperar a que crezcan estos jóvenes...

—Muchos ya crecieron —rebatió Jane—. Ya hay tres décadas de alumnos de Raíces y Brotes que han conservado en su vida adulta los valores que adquirieron durante su paso por el programa.

Pero yo no estaba convencido.

—De acuerdo, pero creo que mucha gente se zafa del problema diciendo que los jóvenes son la solución. La mayor parte de los miembros de Raíces y Brotes no están aún en posiciones de poder. Necesitamos que el presidente de Estados Unidos (que no va a ser un chico de veinte o treinta años de edad) se ponga a la cabeza. Necesitamos que todo el mundo se ocupe de este asunto en los próximos diez años.

Jane no perdió un segundo.

—Es verdad. Pero los que van a votar por el presidente correcto van a ser justamente los chicos de veinte y treinta años.

Una vez más Jane demostraba su clarividencia. Once meses después, un aumento en la participación electoral de los jóvenes ayudó a derrotar a Donald Trump, quien sacó a Estados Unidos del Acuerdo de París, y a elegir a Joe Biden, uno de cuyos primeros actos presidenciales fue reincorporarlo al Acuerdo de París y comprometerse nuevamente a construir una economía y un planeta más sanos. Sesenta y uno por ciento de los estadunidenses de dieciocho a veintinueve años de edad —una quinta parte del padrón electoral— votaron por Biden. Aunque Biden superó a su oponente por más de siete millones de votos, en las extravagantes cuentas del Colegio Electoral, la elección terminó de decidirse por unos cuantos miles de votos en ciertos estados muy disputados. Lo que recondujo a la mayor superpotencia del planeta en la dirección correcta fueron los votos de la Generación Jane. Pero ese día, en la cabaña del bosque, todos esos acontecimientos quedaban muy lejos en el futuro, y sólo atiné a decirle a Jane que esperaba que tuviera razón.

Jane se inclinó en su asiento y removió las brasas moribundas de la chimenea. Vimos cómo se avivaba el fuego de nuevo.

—Y otra cosa —añadió Jane, arrellanándose otra vez en su silla—. Varios de esos alumnos de Raíces y Brotes de los que te hablaba se han dedicado a la política. Otros son empresarios, periodistas, maestros, jardineros, urbanistas, padres; de todo. Muchos trabajan hoy en algún puesto gubernamental, incluyendo al ministro de Medio Ambiente de la República Democrática del Congo, que estuvo en un grupo de Raíces y Brotes de su escuela. Está haciendo grandes esfuerzos por limitar el tráfico y la venta de animales salvajes en su país.

Jane explicó que hoy en día los jóvenes no sólo están mejor informados, sino también más comprometidos con la toma de decisiones y los procesos políticos. Raíces y Brotes, por ejemplo, es más que un programa ambiental. Su misión también es enseñarle a la gente los valores de la participación y la democracia. Las discusiones y las decisiones conjuntas, hacer cosas en colectivo.

Tres miembros en Tanzania. Esta camiseta es el epítome de los valores de Raíces y Brotes (Instituto Jane Goodall / Chase Pickering).

—El verdadero impacto de los programas de empoderamiento de los jóvenes en estos países no es evidente —afirmó—. *Aún.*

El *"aún"* de Jane fue un poderoso recordatorio de que hasta las circunstancias más desesperanzadoras pueden cambiar con el tiempo.

También me recordó cómo la profesora de Stanford, Carol Dweck emplea las palabras "aún no" para identificar una mentalidad de crecimiento, la idea de que podemos cambiar y madurar. Los niños —y los adultos— que tienen una mentalidad de crecimiento son mucho más exitosos que quienes poseen mentalidades inalterables sobre sí mismos y el mundo. Pero ¿es cierto que los pequeños programas educativos pueden enfrentarse al poderío de los regímenes totalitarios y los intereses financieros?

—En muchos países —señalé— no puedes luchar contra el gobierno o alzar la voz contra las injusticias por temor a ser encarcelado o asesinado. ¿Qué les dices a las personas en estos países?

—Les digo que aunque tengan que seguir viviendo en esos sistemas pueden atesorar sus valores, realizar pequeñas acciones diarias y mantener las esperanzas de un mejor futuro.

Creo que Jane estaba afirmando que nuestras esperanzas y sueños colectivos, incluso aquellos que no podemos hacer realidad, tienen fuerza propia y tal vez esperan el momento correcto para ocurrir. Pero volvió a entrar en acción mi escepticismo neoyorquino.

—Eso es maravilloso, pero ¿no te parece que es una gota en el mar, si piensas en los arrolladores regímenes autocráticos o tiránicos bajo los que viven personas de todo el mundo?

—Pero millones de gotas hacen un océano.

Sonreí. Jaque mate.

Cultivando el futuro

Avanzaba la tarde. El sol se ocultaba rápidamente, y yo seguía pensando en todos los grandes problemas que han sido ignorados o cuya presencia se ha negado durante muchos años. En todas las personas que refutaron la existencia del cambio climático, en las culturas que enseñaron que los niños son superiores a las niñas, en los adultos confundidos que les enseñaron a sus hijos que unas razas o grupos son mejores que otros. En cómo el miedo, los prejuicios y el odio pueden enseñarse con tanta facilidad como el valor, la igualdad y el amor.

—Bueno. Entonces, ¿cómo hacemos para cambiar a tiempo unas ideas tan arraigadas en la gente? —pregunté.

—Ay, Doug. La verdad es que no lo sé. Mi esperanza es que haya cada vez más personas conscientes, más y más programas que traten de mitigar la pobreza, de alcanzar la justicia social, de defender los derechos humanos y animales. Y que más y más niños se involucren desde que son muy pequeños.

Hizo una pausa para pensar, y pronto sus ojos se iluminaron con otra historia de esperanza.

—Estoy pensando en Génesis —contó—, una joven estadunidense cuya comida favorita cuando tenía seis años de edad eran los nuggets de pollo. Un día preguntó de dónde venían. Su madre trató de esquivar el tema y le dijo que venían de la tienda. "Pero ¿de dónde los saca la tienda?". Así que la madre le contó, y Génesis no sólo dejó de comer su comida favorita, sino que investigó todo lo que pudo sobre ella y hoy, a los trece años, da charlas sobre la importancia de volverse vegano: para los animales, para el ambiente y para la salud humana. Hay muchos otros ejemplos de niños muy jóvenes que se vuelven activistas. Los más comprometidos y exitosos suelen tener padres que los apoyan.

Una vez más pensé en mis propios hijos, y me pregunté cómo mis acciones pudieron haber afectado sus ideas sobre el mundo.

—¿Qué tenemos que hacer como padres para cultivar en nuestros hijos la esperanza, para prepararlos para el futuro que van a encontrarse?

—Para empezar, aprendí de los chimpancés la importancia de los primeros dos o tres años de vida —respondió Jane—. Tras sesenta años de investigación ha quedado muy claro que los jóvenes chimpancés que tienen madres alentadoras suelen ser los más exitosos. Los machos llegan más alto en la jerarquía dominante (son más seguros de sí mismos y tienden a procrear más crías), y las hembras son mejores madres.

—¿Y cómo se traduciría esto en la crianza humana? —pregunté.

—Pues no es tan distinto. Cuando hice mi tesis de doctorado, también investigué un poco sobre la crianza de niños humanos. Evidentemente lo más importante es que durante el primer par de años los niños reciban amor y afecto al menos de una persona que siempre esté presente para ellos. Necesitan cuidados estables y atentos. No tiene que tratarse de la madre o el padre biológicos, o siquiera un miembro de la familia.

—Pero muchos padres creen que ser "alentador" significa ser indulgente —noté—. ¿Dónde entra aquí la disciplina?

—La disciplina es importante, pero me parece de crucial importancia que ningún niño pequeño sea castigado por algo si no se le ha enseñado, amable y cuidadosamente, que está mal —explicó Jane—. Una vez vi a una mamá golpear a su hijo de dos años por derramar parte de la leche que no quería tomarse y dibujar figuras con su dedo sobre la bandeja. Y sin embargo, esta conducta no era más que una demostración de la forma en la que los niños aprenden sobre el mundo que los rodea, las propiedades de las cosas. No merecía el duro castigo que recibió. Los castigos corporales están mal. Las madres chimpancés distraen a sus bebés de las conductas no deseadas haciéndoles cosquillas o acicalándolos.

Me gustó mucho esta imagen de las madres chimpancés haciendo cosquillas o acicalando a sus crías, y pensé con cuánta frecuencia he tratado de cambiar el estado de ánimo o la opinión de alguno de mis tres hijos pequeños cuando hacen un berrinche.

—¿Qué podemos hacer para ayudar a los jóvenes que han crecido sin apoyo, tal vez incluso en un hogar en el que abusaron de ellos?

Como de costumbre, Jane respondió con una historia.

—El otro día recibí la carta de una joven de catorce años, internada en un reformatorio. Allí me cuenta lo siguiente: "Mi vida era un desastre y consumía drogas, y llegué aquí y lo odié. Pero luego, en la biblioteca, encontré un ejemplar de *Mi vida con los chimpancés*. Nunca tuve una madre cariñosa, pero cuando leí ese libro pensé que Jane podía ser mi mamá".

"Su mamá nunca le hizo sentir que podía tener éxito en nada. Pero cuando leyó sobre el apoyo que mi madre me brindó, y cómo eso lo cambió todo, empezó a darse cuenta de que también ella podía cumplir sus sueños. Yo sería su modelo; a eso se refería cuando escribió que yo podía ser su mamá. Empezó a portarse bien, a trabajar mucho... dio un giro de ciento ochenta grados.

Reflexioné sobre esta joven, sobre el poder de los libros y las historias y las personas que funcionan como modelos para cambiar la vida de un niño. Y pensé en lo que Jane había dicho sobre lo importante que es nuestro medio ambiente y cómo nuestra naturaleza humana es lo suficientemente adaptable como para integrarse en el mundo en el que tenemos que sobrevivir. La educación que podemos darles a nuestros hijos depende muchísimo de la comunidad en la que vivimos. No hay duda de que la pobreza, la adicción y la desesperanza que rodeaban al hijo de Robert Montaña Blanca contribuyeron a su suicidio a los dieciséis años.

Le conté a Jane sobre un investigador de la esperanza llamado Chan Hellman, quien creció sumido en la pobreza en la zona rural de Oklahoma. Su padre era narcotraficante y llevaba a Chan con él cuando hacía una venta para reducir la probabilidad de que se desatara la violencia. Cuando Chan estaba en segundo grado de secundaria, su padre se mudó, y su madre, que había estado hospitalizada varias veces por depresión, dejó de ir a su casa. Chan tomaba una sola comida al día —el almuerzo que servían en la escuela— y vivía solo en una casa en la que habían cortado la luz.

—Una noche, solo en esa casa oscura, sintió tanta desesperación que tomó la pistola de su padre y se la puso bajo el mentón. Y entonces, de pronto, apareció en su mente el recuerdo de su maestro de ciencias, que también era su entrenador de básquetbol, diciéndole: "Todo va a estar bien, Chan". Pensó en las palabras de su maestro y en que este hombre de verdad lo apreciaba y creía en él. Entonces decidió que su futuro tal vez sí podía ser mejor y dejó la pistola a un lado.

—¿Sabes qué le pasó a Chan? —preguntó Jane.

—Ahora está en la quinta década de vida; tiene una esposa, una familia amorosa y una exitosa carrera investigando sobre la esperanza, en especial lo relacionado con los niños que son víctimas de abuso y abandono. Hace un par de años se reunió con su viejo maestro de ciencias y le contó cómo le había salvado la vida. El maestro no recordaba para nada esas palabras salvadoras. Chan dice que es un recordatorio de lo mucho que importan nuestras palabras, incluso cuando no lo sabemos, y que la verdadera moraleja es que la esperanza es un don social.

Gracias a mis conversaciones con Jane y a mi propia investigación comenzaba a entender que la esperanza es un atributo innato para la supervivencia que parece existir en la cabeza y el corazón de todos los niños, pero que tiene que ser cuidado y cultivado. Si es así, la esperanza puede echar raíces hasta en las peores situaciones, como una de las que Jane fue testigo presencial.

—Quiero contarte sobre un grupo de Raíces y Brotes que surgió en Burundi —comenzó Jane—. Burundi está justo al sur de Ruanda, y el genocidio de los hutus también ocurrió allí. Como ya conversamos, la recuperación de los ruandeses del genocidio es una maravillosa fuente de esperanza, pero sólo sucedió gracias a que les llovió ayuda internacional tras la visita del presidente Bill Clinton.

—Recuerdo el horror del genocidio y los extraordinarios esfuerzos que se hicieron en Ruanda para perdonar y sanar —anoté.

—Pero como también mencioné, a Burundi no le tocó nada de nada. La comunidad internacional lo ignoró casi por completo y lo dejó a su suerte. Por supuesto, no ha logrado recuperarse en la misma medida, y cada cierto tiempo ocurren estallidos de descontento y violencia. El primer grupo de Raíces y Brotes en el país lo comenzó un joven congolés cuya familia entera fue masacrada y que escapó por el lago hasta Kigoma, en Tanzania. En la escuela a la que asistió había un grupo de Raíces y Brotes; varios años después, cuando estaba de visita en Burundi, decidió comenzar un programa allí. Inició con cuatro niños excombatientes y cinco mujeres que habían sido violadas. Recuerdo haberme sentado a la mesa con ellos y oírlos hablar sobre lo que habían tenido que soportar.

"Ninguno entró en detalles; por el contrario, parecían algo apáticos, pero podía ver el dolor en sus ojos. Como he hecho con tanta frecuencia, traté de imaginarme la experiencia de vivir los abusos impensables que ellas e infinidad de otras mujeres han sufrido. Algunas, por supuesto, nunca se recuperan. Pero a pesar de todo lo que padecieron, estos jóvenes burundianos querían ayudar a otros a recuperarse de sus propios traumas y mostrarles que había forma de seguir adelante. Me pareció un ejemplo sorprendente de lo indomable que es el espíritu humano que encontramos en jóvenes de todo el mundo.

Jane me contó que el programa se extendió por todo Burundi, y poco después de esa tarde que pasamos junto a la chimenea me mandó un lote nuevo de cartas que había recibido de los miembros de Raíces y Brotes locales. Una niña, Juslaine, escribió: "Hace mucho tiempo el pueblo burundiano no sabía por qué era importante trabajar juntos, pero ahora trabajamos juntos como una sola familia gracias a los seminarios que dan los directores de Raíces y Brotes Burundi". Otro chico, Oscar, escribió: "Ya no vivimos con conflictos porque cada años celebramos el Día Internacional de la Paz. Ahora vivimos en paz con nuestros vecinos".

Jane me contó que uno de los niños excombatientes, David Ninteretse, inspiró a muchos voluntarios de las comunidades para comenzar programas estilo Tacare que animaban a la gente a poner pequeños negocios. También consiguió que diversos voluntarios inauguraran grupos de Raíces y Brotes en las escuelas, muchos de los cuales habían decidido plantar árboles para combatir la deforestación. Un chico llamado Eduard dijo: "Mi aldea era como un desierto, pero ahora hay árboles por todos lados, y llueve con regularidad". Otros niños notaron que ya no había incendios forestales, que el aire era más fresco y los animales habían regresado al bosque porque se había terminado la caza.

—Ya ves —dijo Jane—, así aprenden que todo está interconectado, y que su comunidad no está conformada únicamente por la gente que los rodea, sino también por los animales, las plantas y la tierra misma.

Pensé en lo que Robert Montaña Blanca había contado, sobre cómo su tribu había sido alguna vez la guardiana de la tierra, pero con el pasar de los años

Niños en la República del Congo durante el Día Internacional de la Paz de la ONU volando una gigantesca paloma de la paz (los grupos de Raíces y Brotes hacen esto en todo el mundo usando sábanas viejas) y dirigiéndose a un proyecto de siembra de árboles (Instituto Jane Goodall/Fernando Turmo).

había perdido esa conexión. Jane dijo que había escuchado que él estaba tratando de reanimar esa conexión creando un gran jardín comunitario. Pensé en la joven en el reformatorio que cambió el rumbo de su vida tras leer el libro de Jane, y sobre Hellman, que sobrevivió a un terrible abandono. Pensé en lo importante que es criar a los jóvenes de formas que cultiven la esperanza y los empoderen para enfrentar los desafíos del futuro. Y no hay duda de que heredarán muchos. Si bien estaba convencido de que los jóvenes son una razón importante para conservar la esperanza, me quedaba claro que los adultos tenemos una enorme responsabilidad para dejarles un mundo lo más próspero y sustentable posible.

Ya era tarde, y aún teníamos que discutir una más de las razones de Jane para la esperanza. Ella sugirió que hiciéramos una pausa en nuestra conversación y la retomáramos en la mañana. Me resultó difícil esperar. Estaba ansioso por conversar sobre la siguiente razón para la esperanza, una que podemos encontrar incluso donde parece no haber ninguna. Estuve de acuerdo en volver por la mañana y caminé en la oscuridad hasta la cabaña en la que me alojaba, cerca de la de Jane.

Razón 4: el indomable espíritu humano

Me encontré con Jane a la mañana siguiente. Jane se quedaba en la cabaña grande con Patrick van Veen, el presidente internacional del Instituto Jane Goodall, su esposa, Daniëlle, y sus dos perros. La acompañé a despedir a Patrick y Daniëlle, quienes amablemente accedieron a salir con sus perros durante todo el día para darnos a Jane y a mí algo de tiempo a solas. Una vez más, nos sentamos frente a la chimenea con nuestras tazas de café, ansiosos de retomar nuestra conversación.

—Estaba pensando en lo que conversamos anoche —comencé—, y pensé que antes de hablar de la última de tus razones para la esperanza, el indomable espíritu humano, me interesaría saber cómo defines "espíritu".

Jane lo pensó por un momento y dijo:

—Nadie me había preguntado eso antes. Creo que la definición de cada quien depende de su crianza, educación y religión. Yo sólo puedo decirte qué significa para mí. Se trata de mi energía vital, una fuerza interior que proviene de mi sensación de estar conectada con un gran poder espiritual que siento con enorme fuerza, sobre todo cuando me encuentro en la naturaleza.

Le pregunté a Jane si ese sentido de conexión con un "gran poder espiritual" la invade especialmente cuando está en Gombe.

Jane asintió.

—Ay, sí, absolutamente. Y una vez, cuando estaba sola en el bosque, de pronto pensé que tal vez hay una chispa de ese poder espiritual en todas las formas de vida. Los humanos, con nuestra pasión por definir las cosas, hemos bautizado esa chispa que vive dentro de nosotros como alma, o espíritu o psique. Pero allí sentada, acogida por todas las maravillas del bosque, me pareció que la chispa lo anima todo, desde las mariposas que aleteaban frente a mí hasta los árboles gigantescos con sus guirnaldas de lianas.

"El otro día, cuando hablábamos sobre el intelecto humano, te conté sobre cómo los pueblos indígenas, incluyendo muchos nativos americanos, hablan sobre el Creador y consideran que los animales, las flores, los árboles y hasta las rocas son sus hermanos y hermanas. Yo adoro esta forma de ver la vida.

Me intrigó esta descripción, y me pregunté en voz alta cómo sería el mundo si todos los humanos pensáramos que los demás seres, e incluso las rocas, merecen respeto y cuidado, como los hermanos nuestros que son.

—Me imagino que sería un mundo mejor —dijo Jane—. Aunque por supuesto no podemos saber cómo sería. Al menos no, todavía.

Sonreí sin querer; como siempre, Jane revelaba con ese "todavía" al final de su oración lo inagotable de su esperanza. Esto me llevó de vuelta a la discusión del día anterior.

—¿A qué te refieres con el indomable espíritu humano? —pregunté—. ¿Y por qué te da esperanza?

Jane fijó la mirada en el fuego por unos segundos antes de responder.

—Es esa cualidad que vive en nosotros y que nos hace enfrentar retos que parecen imposibles, sin rendirnos nunca. A pesar de las adversidades, a pesar del desprecio o las burlas de otras personas, a pesar de las posibilidades de fracaso. El valor y la determinación para superar los problemas personales, la discapacidad física, el abuso, la discriminación. La fuerza interior y el coraje para buscar un objetivo, sea cual sea el costo personal, en una lucha por la justicia y por la libertad. Incluso cuando implique pagar el precio más alto: dar la propia vida.

—¿Tienes algún ejemplo favorito de personas que encarnen ese espíritu?

—De inmediato se me vienen a la cabeza algunas personas. Martin Luther King Jr., quien luchó para terminar con la discriminación y la disparidad de ingresos y que predicó la no violencia a pesar de enfrentar terribles adversidades. Nelson Mandela, quien pasó veintisiete años en prisión a causa de su lucha por terminar con el apartheid en Sudáfrica. Ken Saro-Wiwa, un nigeriano que encabezó protestas pacíficas contra la Royal Dutch Shell por la contaminación del suelo y que fue ejecutado por su gobierno.

No pude evitar pensar en la historia del presidente de la Royal Dutch Shell y cómo cambió de opinión, así como la sombría historia de muchas de las compañías de gas y de petróleo que han puesto en peligro al planeta.

Jane continuó:

—Winston Churchill, por supuesto, quien inspiró a Inglaterra para pelear contra la Alemania nazi, incluso cuando casi todos los países de Europa habían sido derrotados. Mahatma Gandhi, el abogado indio que encabezó el movimiento pacífico que terminó con el dominio colonial británico. Y el ejemplo que le vendrá a la mente a los cristianos, que es por supuesto el de Jesús. Las personas que demuestran este espíritu indomable durante sus vidas me parecen profundamente inspiradoras. No puedo ni imaginar la influencia que han tenido en el rumbo de la historia. Y éstos son apenas unos cuantos ejemplos.

—Entonces —pregunté—, ¿el indomable espíritu humano es lo que nos ayuda a seguir adelante aunque parezca que ya no hay esperanza, y a veces esto inspira a otros?

—Sí, exacto. Y además de estos íconos que han inspirado a millones, están todas las personas que nos rodean y que enfrentan abrumadores problemas físicos o sociales. Los refugiados que confrontan grandes peligros y privaciones para escapar de la violencia, sin conocer a nadie, y que logran construirse un hogar... incluso cuando deben hacerle frente a la discriminación al llegar finalmente a su destino, cosas que tristemente ocurren con mucha frecuencia. Las personas con discapacidades que se rehúsan a que esto les impida alcanzar sus sueños. Con su valor y su determinación para superar los obstáculos también inspiran a todos los que las conocen.

Cuando decida subir el monte Everest

—¿Crees que lo que nos permitió sobrevivir y prosperar fue nuestro espíritu indomable? —pregunté—. Después de todo, los humanos somos los más débiles entre los simios.

—Pues no, lo que nos hizo exitosos fue nuestro cerebro y nuestra capacidad para cooperar, así como nuestra adaptabilidad —respondió Jane—. Supongo que nuestro espíritu indomable nos llevó un paso más allá. Porque nos encontramos en la singular posición de entender exactamente qué puede pasar cuando hacemos algo que nos han dicho que es por completo imposible.

—¿Crees que los chimpancés tienen un espíritu chimpancé indomable?

Jane rio.

—Pues sin duda tienen voluntad de vivir, como describió un gran humanista, el doctor Albert Schweitzer. Esa voluntad es la que los lleva a tratar de recuperarse de las enfermedades, las heridas y otros obstáculos, como sucede con muchos otros animales, siempre y cuando estén sanos psicológicamente. Como nosotros, los animales pueden sentir indefensión y desesperanza, y a veces, cuando están en este estado de desaliento, se dan por vencidos cuando sufren una enfermedad, una herida o algún acontecimiento traumático, por ejemplo, ser capturados. Algunos bebés chimpancés sobreviven situaciones horrorosas, mientras que otros se dan por vencidos y mueren, aun cuando su situación es menos grave.

—Pero ¿crees que esta voluntad de vivir es distinta del espíritu indomable que describes para el caso de los humanos? —pregunté.

—A ver, creo que cuando nos enfrentamos a situaciones que ponen en peligro nuestra vida, opera algo más que sólo la voluntad de vivir, aunque sí compartimos eso con otros animales. En nuestro caso, es la capacidad de emprender deliberadamente una tarea que parece imposible. Y de no darnos por vencidos aunque sepamos que existe la probabilidad de que fracasemos. Incluso cuando sabemos que puede matarnos.

—¿Así que este espíritu indomable requiere el sorprendente intelecto e imaginación humanos y, por supuesto, la esperanza?

—Así es —confirmó Jane—, y también exige determinación, resiliencia y valor.

Le conté a Jane que yo tuve una figura muy importante en mi vida que encarnaba ese espíritu indomable: mi abuelo.

El abuelo de Doug, Hippolyte Marcus Wertheim, saliendo del Hospital de York el 7 de diciembre de 1936, tras realizar con éxito la separación de una pareja de gemelos unidos, una operación que le habían dicho que era imposible. Caminaba con una cojera a causa de su pierna prostética.

Derek se lesionó gravemente durante la Segunda Guerra Mundial, cuando su avión fue derribado. Le dijeron que nunca volvería a caminar, pero estaba determinado a demostrarles a sus doctores que se equivocaban, ¡y lo logró! (Instituto Jane Goodall / Cortesía de la familia Goodall).

—Perdió una pierna de niño —le conté—. Y aunque usaba una pierna de madera, se volvió bailarín de salón y ¡un buen jugador de tenis! Se formó como neurocirujano y realizó una operación pionera de separación de gemelos unidos que le habían dicho que era totalmente imposible. Durante la Segunda Guerra Mundial les mostraba a las personas a las que les habían amputado recientemente un miembro cómo vivir con una prótesis, y les aseguraba que podían llevar una vida plena. Tenía un lema: "Lo difícil es arduo, lo imposible es un poquito más complejo".

—Ése es un ejemplo maravilloso del indomable espíritu humano —respondió Jane—. Se trata exactamente de eso.

—Derek es otro ejemplo —apunté, refiriéndome a su difunto esposo.

—Sí, Derek es otro maravilloso ejemplo de resiliencia, valor y espíritu indomable —concordó—. Estuvo en la Fuerza Aérea tripulando un Hurricane, y lo derribaron sobre Egipto cuando los Aliados peleaban contra Rommel, el Zorro del Desierto, durante la Segunda Guerra Mundial. Sobrevivió al accidente, pero sus piernas quedaron parcialmente paralizadas por un daño en el sistema nervioso que había sufrido en la base de la columna, donde fue alcanzado por una bala alemana.

”Los doctores de Derek le dijeron que no volvería a caminar, pero él estaba decidido a demostrarles que se equivocaban y jamás se dio por vencido. Que con el tiempo pudiera caminar con ayuda de un solo bastón fue casi un milagro. Tenía una pierna casi totalmente paralizada; para dar un paso tenía que balancearla hacia delante con la mano. Y Olly, mi tía, que era fisioterapeuta, lo examinó y dijo: “De hecho, anatómicamente, examinando los músculos y lo demás, en realidad tampoco debería poder usar la otra pierna. Camina por pura fuerza de voluntad”.

—Qué inspirador es eso —repliqué—. Me recuerda el accidente de mi papá. Se cayó por unas escaleras casi exactamente cinco años antes de morir. Sufrió un daño cerebral muy severo que lo hizo delirar por un mes, y nos dijeron que tal vez nunca recuperaría la lucidez o volvería a ser el mismo. Cuando finalmente recobró la conciencia, mi hermano se lamentó de que hubiera tenido que pasar por una experiencia tan traumática. Mi papá le respondió: “Ah, no, para nada. Es parte de mi currículum”.

—Qué gran manera de verlo —dijo Jane—. Sí, todos los desafíos en la vida son como nuestro propio currículum, que tenemos que trabajar mucho para pulir y dominar.

—Con ese pequeño giro de percepción, mi papá fue capaz de reformular una experiencia negativa en forma más positiva y de encontrarle sentido —expliqué—. La caída y la recuperación fueron espantosas, y sin embargo, los últimos cinco años de su vida estuvieron marcados por un profundo crecimiento psicológico y por relaciones aún más ricas con su familia y sus amigos.

El arzobispo Tutu una vez me explicó que el sufrimiento puede o amargarnos o ennoblecernos, y que tiende a ennoblecernos si somos capaces de encontrarle sentido a nuestro sufrimiento y usarlo en beneficio de los demás.

—Sí —asintió Jane—. Además sé que tu hijo acaba de sufrir un accidente serio y que también ha mostrado ser muy resiliente —añadió Jane, con la preocupación marcada en la voz.

Era cierto. Un mes antes de que Jane y yo nos encontráramos en Tanzania, mi hijo Jesse había tenido un accidente mientras surfeaba, y se estaba recuperando de su propia lesión cerebral, así como de una fractura en el hueso occipital.

—Ha tenido mucho dolor, pero también ha mostrado una gran resiliencia y esperanza. Tal como revela la investigación sobre la esperanza, tener sentido del humor ayuda. De hecho, Jesse empezó a hacer comedia en vivo como parte de su proceso de sanación.

—Sí, tener sentido del humor realmente es muy útil —respondió Jane—. Recuerdo una historia que Derek me contó. Acababa de salir del hospital con muletas, y tenía que encontrarse con alguien en el hotel Ritz. Al sentarse, olvidó por completo que ambas piernas estaban enyesadas, de modo que salieron proyectadas rígidamente hacia delante —me mostró el cómico movimiento— y tiraron la mesa, haciendo volar en todas direcciones la tetera, las tazas, la leche, todo. Tras un momento de sorpresa y vergüenza inicial, Derek se echó a reír, y pronto todos en la mesa, e incluso el elegante mesero y las personas de las mesas vecinas, se le unieron.

Pensé en todas esas personas que han superado un desastre personal, todos aquellos cuyas vidas son inspiradoras y que ejemplifican el indomable espíritu humano. Le pregunté a Jane si tenía otros ejemplos.

Jane me contó sobre Chris Kock, un canadiense que nació sin brazos ni piernas, sólo con pequeños muñones en los brazos y un muñón muy corto en una pierna. Se desplaza sobre una patineta, y prácticamente no hay nada que no pueda hacer. Viaja por su cuenta por todo el mundo, participa en maratones, maneja tractores... y es un excelente orador motivacional.

Chris Koch, un héroe personal y el ejemplo perfecto de un espíritu indomable (Instituto Jane Goodall / Susana Name).

—Sus padres nunca le dijeron que no podía hacer lo mismo que sus hermanas y hermanos —explicó Jane—. Siempre le dijeron que podía hacer cualquier cosa. Nunca le dijeron: "Ah, eso tú no lo puedes hacer". Sus ojos tienen un brillo inteligente y revelan su enorme amor por la vida. Le pregunté si la gente le ha ofrecido prótesis, y respondió: "Sí, me las han ofrecido, pero yo creo que me hicieron así por una razón. Creo que me voy a quedar como estoy". Pero después de una pausa, y con un centelleo en los ojos, añadió: "Aunque tal vez las acepte cuando decida subir el monte Everest".

Me sentí muy optimista en ese momento, allí sentado tomando café, compartiendo historias sobre el indomable espíritu humano y pensando sobre el valor y la esperanza de estas personas.

El espíritu que nunca se rinde

—Hace rato dijiste que Churchill era un ejemplo del indomable espíritu humano —comenté—. ¿Puedes contarme más sobre la influencia que tuvo sobre ti y sobre otros durante la Segunda Guerra Mundial?

—Por supuesto que puedo —respondió Jane—. Fue el indomable espíritu de Churchill y su confianza en el pueblo británico lo que lo inspiró e invocó su valor y su determinación para no dejarse vencer por Hitler.

"Creo que la experiencia de crecer durante la guerra me volvió quien soy —continuó—. Aunque sólo tenía cinco años cuando comenzó, sabía o sentía lo que estaba ocurriendo. Se percibía en la atmósfera: todo parecía sombrío y desesperado. Piensa que durante un tiempo Inglaterra se quedó sola, tras la ocupación o la rendición de casi todos los demás países europeos. Nuestro ejército no estaba preparado. Nuestra armada no estaba preparada. Nuestra fuerza aérea parecía ridícula comparada con la Luftwaffe.

Recuerdo haber leído sobre esta terrible época de la historia, cuando parecía que Hitler iba a ganar la guerra e invadir Inglaterra. Escuchando hablar a Jane, que vivió este momento, pude sentir el temor que debió de haber experimentado el pueblo británico.

—Los discursos de Churchill se abrieron paso entre la desesperación —continuó Jane—. Nos hicieron sentir su seguridad en que Inglaterra no sería vencida, y lograron que emergiera el espíritu de pelea del pueblo británico. Pronunció su discurso más famoso cuando Alemania había vencido e invadido la mayor parte de Europa y las cosas se veían negras para las fuerzas aliadas. Pero Churchill inspiró a la gente con sus palabras apasionadas; dijo que defenderíamos nuestra isla hasta el fin, que nunca nos daríamos por vencidos, que combatiríamos al enemigo en las playas y en los campos, en las colinas y en las calles. Nunca nos rendiríamos. Al final de su discurso, se escuchó un aplauso multitudinario, durante el cual alguien escuchó a Churchill murmurarle a un amigo junto a él: "Y vamos a pelear con botellas de cerveza rotas, porque eso es lo único que tenemos".

Jane rio.

—Tenía un gran sentido del humor, un sentido del humor muy británico.

"No se escondió de lo que estaba pasando. Durante las horrorosas semanas del Blitz, cuando Londres era bombardeada cada noche, con frecuencia ofrecía palabras de aliento a las personas que se refugiaban en las estaciones del Metro, a aquellos conmocionados por la pérdida de vidas, los gritos de los heridos, la destrucción de sus hogares. Renovó en todos la determinación de luchar contra Hitler hasta el amargo final.

Jane me contó lo que recordaba de la batalla de Inglaterra, acerca de todos los jóvenes pilotos ingleses, acompañados por canadienses, australianos y polacos, quienes arriesgaban su vida un día tras otro en sus Spitfires y sus Hurricanes; sobre los muchos que murieron combatiendo a las fuerzas superiores de la Luftwaffe. Fue un momento definitivo en la guerra. Hitler se había dado cuenta de que Alemania no podría obtener el dominio sobre las aguas a menos que su Luftwaffe destruyera la fuerza aérea británica. Y cuando quedó claro que esto no iba a pasar, y no podría derrotar la Real Fuerza Aérea o doblegar los ánimos de los ingleses, canceló el ataque.

—Las famosas palabras de Churchill sobre la RFA aún hacen que se me salgan las lágrimas —dijo Jane—. Tras todos esos actos de heroísmo y la trágica pérdida de tantos jóvenes, dijo: "Nunca en la historia de los conflictos humanos le debimos tanto a tan pocos". Mucha gente murió en esa guerra, Doug. No sólo en las fuerzas armadas; también miles de civiles en el fuego cruzado y los bombardeos. Y no sólo de los Aliados; también entre los alemanes.

Ambos nos quedamos en silencio un momento, digiriendo lo que Jane acababa de decir y en un gesto de respeto por los muchos que murieron.

—En retrospectiva, ¿cuál fue para ti la lección más duradera que te dejó la guerra? —pregunté.

—Tiene que ver con lo que estábamos diciendo —respondió Jane—. Fue entonces cuando comencé a entender de qué somos capaces las personas, y cómo una voluntad indomable puede motivar e inspirar a una nación y convertir lo que parecía una derrota inevitable en victoria; que con valor y determinación lo imposible se hace posible.

Detuve allí la grabadora, y decidimos que era hora de estirar las piernas y tomar un poco más de café. Mientras llenaba nuestras tazas, me di cuenta de que Jane observaba atentamente el piso, donde un rayo del sol de la mañana iluminaba el dibujo de la alfombra.

—¿En qué piensas? —le pregunté, y reinicié la grabación.

—Pensaba en cómo las catástrofes y los peligros pueden sacar lo mejor de las personas. La Segunda Guerra Mundial creó mucho héroes, aquellos que arriesgaron sus vidas para salvar a sus amigos o a sus batallones. Todas esas Cruces de la Victoria otorgadas al valor, muchas de ellas concedidas de manera póstuma. Los soldados de la Resistencia, hombres y mujeres que trabajaron de incógnito para luchar contra los nazis como pudieron; muchos de ellos, por cierto, eran alemanes. Y cuando los descubrían, con frecuencia se negaban a revelar los nombres de los otros miembros de la red, incluso bajo tortura. Yo pasaba noches en vela, segura de que no habría tenido el valor de guardar silencio mientras me arrancaban las uñas, rezando para que nunca me pusieran a prueba. Y luego están todos los que arriesgaron sus vidas para ayudar a los judíos a escapar o que los ocultaron en sus casas. Y el silencioso heroísmo de los ciudadanos de Londres, que soportaron el Blitz y se ayudaron mutuamente. Hicieron gala, un día tras otro, de su valor y su sentido del humor cockney mientras sus casas eran destruidas alrededor.

—Siento que siempre pasa lo mismo: los desastres invariablemente van acompañados de historias de altruismo y valor —apunté—. Nunca voy a olvidar a los bomberos que durante el 9/11 corrieron al interior de los edificios en llamas mientras de ellos escapaban personas aterrorizadas y cubiertas de polvo. Ni a todos los socorristas internacionales que se apresuran a ayudar cuando hay un terremoto o un huracán devastador. Y durante el verano pasado, a toda la gente que combatió los incendios forestales y rescató a las personas y los animales atrapados en Australia y luego en California.

—Sí —replicó Jane—, todas estas historias de heroísmo, de valor, de sacrificio son ejemplos del indomable espíritu humano que con tanta frecuencia aparece durante los momentos de peligro. Por supuesto que siempre está allí, pero en general no sucede nada que lo invoque.

—Supongo que a lo largo de la historia ha habido ejemplos del indomable espíritu humano que nos mueve a "combatir al enemigo invencible" y "corregir el mal incorregible".

—Por supuesto —respondió—, sólo tienes que pensar en David y Goliat. Me viene a la mente otra imagen, la del hombre solitario que se enfrenta a los tanques del ejército chino en la plaza de Tiananmén con sus bolsas de plástico. Ambos ejemplos parecen simbolizar el valor indómito que a veces demuestran las personas cuando se enfrentan a una fuerza aparentemente invencible.

"Y luego tenemos el caso de todas las personas indígenas que en tantas partes de Latinoamérica se enfrentan a los intereses de los gobiernos y las grandes empresas, en un intento por defender sus tierras tradicionales de la tala y la minería. Están preparados para sacrificar su vida, y con frecuencia así es.

—Es verdad —anoté—. Aunque últimamente hemos sido testigos de horribles actos de crueldad y de interés personal en la política, siempre ha habido gente que se arriesga a ser encarcelada, golpeada, torturada e incluso asesinada con el fin de resistir la tiranía, la injusticia o los prejuicios.

—Sí —dijo Jane—. Piensa en el origen del movimiento sufragista en Inglaterra, encabezado por la señorita Emmeline Pankhurst, cuando las mujeres se amarraron a las rejas de la Cámara de los Comunes durante su lucha por el derecho de la mujer al voto. Y en todas las personas que a lo largo y ancho del planeta se han atado a los árboles o se han trepado a sus ramas para proteger los bosques de las excavadoras.

—Otro ejemplo inspirador es el de Standing Rock —mencioné, refiriéndome a las protestas de 2016 contra la construcción del oleoducto de Dakota que amenazaba la fuente primaria de agua de la reserva de Standing Rock y que profanaría sus sitios sagrados—. La policía usó gas pimienta, gases lacrimógenos, balas de goma e incluso roció a los manifestantes con agua en medio del crudo invierno, y aun así se mantuvieron en su lugar. Ahora que lo pienso, los jóvenes de Standing Rock fueron los que emergieron como los líderes de esa ocupación.

—Ay, Doug, hay muchísimos héroes anónimos —afirmó Jane—. Muchísimos ejemplos del espíritu indomable, el espíritu que jamás se rinde y jamás cede, y muchos de ellos jamás serán contados. Están los pacifistas, que se exponen al ridículo al negarse a pelear por su país, pero que arriesgan sus vidas todos los días conduciendo ambulancias en el frente de batalla para rescatar a los heridos. Los periodistas que ponen en riesgo su libertad y su vida para revelar la verdad sobre la corrupción y la crueldad de los regímenes tiránicos, los informantes que se sienten obligados a contar la verdad sobre las abominaciones que ocurren tras las puertas cerradas de las empresas poderosas, las personas valientes que graban en secreto lo que ocurre dentro de las ganaderías industriales o captan escenas de brutalidad en las calles.

"Me encanta la historia de Rick Swope, quien arriesgó su vida cuando rescató a un chimpancé, Jo-Jo, de ahogarse en el foso que rodeaba su recinto en el zoológico. Jo-Jo, un macho adulto que había vivido solo por muchos años,

Imagen del video que muestra a Rick Swope rescatando a Jo-Jo cuando éste cayó en el foso del zoológico (YouTube).

estaba siendo presentado a un grupo grande. Cuando uno de los machos de alto rango corrió hacia él para demostrarle su dominio, Jo-Jo se asustó tanto que logró trepar la valla que evitaba que los chimpancés se ahogaran en el agua profunda del foso que rodeaba el recinto.

"Como tal vez sepas, los chimpancés no pueden nadar. Jo-Jo desapareció bajo el agua, volvió a emerger boqueando para tomar aire y desapareció nuevamente. Había varios testigos de la escena, incluyendo a un cuidador, pero el único que se lanzó tras él fue Rick, ¡mientras su esposa y sus tres hijos lo miraban horrorizados! Rick consiguió sujetar al chimpancé, de algún modo pudo cargarlo hasta el otro lado de la valla y lo empujó hasta la orilla del recinto. Entonces se lanzaron hacia él tres de los machos más grandes, con el pelo erizado, y Rick se dio la vuelta para volver a saltar la valla. Jo-Jo estaba vivo pero débil, y comenzó a deslizarse nuevamente hacia el agua. En el video que tomó un visitante, puedes ver cómo Rick se detiene. Mira a su esposa e hijos y al cuidador, que le gritan que salga del foso. Luego, dirige la mirada hacia el lugar en el que Jo-Jo está desapareciendo otra vez bajo el agua. Y regresa, lo empuja de nuevo y se queda allí hasta que el chimpancé logra sujetarse de un trozo de hierba y se arrastra hasta tierra firme. Por suerte, los tres machos sólo los observaron.

"Más tarde entrevistaron a Rick. 'Seguro sabías que era peligroso. ¿Por qué lo hiciste?', le preguntaron. 'Bueno, pues verás, lo que pasa es que lo miré a los ojos, y fue como ver los ojos de un ser humano', respondió. 'Y el mensaje era: ¿Nadie me va a ayudar?' La misma mirada en los ojos de las personas vulnerables y oprimidas es lo que ha despertado el altruismo humano y ha puesto en marcha muchos actos heroicos.

—Es una historia increíble —exclamé—. Los actos de Rick prueban que nuestro código moral se extiende más allá de nuestra propia especie, ¡aunque por supuesto no era de esperarse que Jo-Jo devolviera el favor! Creo que la historia ejemplifica muy bien el valor y el respeto por la vida que necesitamos para operar un cambio en nuestra sociedad. ¿Crees que esta clase de respeto y de valor pueda ayudarnos a resolver los muchos problemas que afectan nuestra sociedad?

—Estoy absolutamente segura de que pueden ayudar —respondió Jane—. Desde luego, hay un problema: el mismo valor y abnegación pueden ser los rasgos de personas a las que les han lavado el cerebro, como los terroristas suicidas que creen que los van a recompensar en el paraíso por hacer volar en pedazos a personas inocentes. De hecho, en dos bandos distintos de un mismo conflicto puede haber personas que lleven a cabo acciones heroicas. Esto indica la importancia de los entornos culturales y religiosos en los que crece la gente.

—Pero en lo que toca a la preocupante situación ambiental que enfrentamos hoy —pregunté—, ¿crees que todos podemos trabajar en equipo y usar esta misma energía y determinación para enfrentar el cambio climático y la pérdida de biodiversidad?

Jane no respondió de inmediato; era obvio que estaba ordenando sus pensamientos.

—No dudo ni por un segundo que podríamos. El problema es que no hay suficientes personas que entiendan el peligro al que nos enfrentamos: un peligro que amenaza con destruir nuestro mundo por completo. ¿Cómo conseguimos que la gente le preste atención a las advertencias de la gente de a pie que lleva muchísimo tiempo luchando contra este problema? ¿Cómo conseguimos que actúen?

Jane se veía profundamente preocupada.

—Por eso viajo por todo el mundo tratando de despertar a la gente, de hacerla consciente del peligro, pero al mismo tiempo le aseguro que todavía hay una ventana de oportunidad en la que, usando nuestro cerebro y confiando en la resiliencia de la naturaleza, nuestras acciones pueden comenzar a reparar el daño que hemos provocado. Me dedico a instar a la gente a actuar describiéndole el peligro que nos acecha, que es muy real, pero al mismo tiempo pongo énfasis en que tenemos una ventana de tiempo, en que sí existen razones para tener esperanza en nuestro éxito.

—Hemos hablado mucho sobre la resiliencia de la naturaleza, y esto me da curiosidad: ¿el indomable espíritu humano tiene algo que ver con la resiliencia?

—Sí, por supuesto; todas las cosas están interrelacionadas —respondió Jane—. Así que, si bien nuestro espíritu indomable suele revelarse en épocas de desastre, como hemos dicho, no a todos les ocurre lo mismo. Algunas personas se hunden. Y yo creo que esto tiene que ver con la resiliencia, con si somos optimistas o pesimistas.

Para animar el espíritu indomable de los niños

El sol invernal aún iluminaba la cabaña. Mientras Jane meditaba sobre la conexión entre la resiliencia y el indomable espíritu humano, yo me preguntaba si es posible enseñarles a los niños —o al menos ayudarlos— a ser más indomables para que puedan afrontar mejor los inevitables desafíos de la vida adulta. Los padres de Chris Koch, el hombre que nació sin brazos ni piernas, lo hicieron increíblemente bien. Le dieron confianza en sí mismo y la fortaleza mental para tener éxito. Le mencioné a Jane el ejemplo de Chris.

—Ah, sí, estoy segura de que la confianza en uno mismo es parte de la resiliencia, y que la forma en la que te criaron desempeña un papel importantísimo —dijo—. Cuando pienso en los niños que superan discapacidades físicas, casi siempre tienen el apoyo de uno o ambos padres, o de algún otro adulto que estuvo allí para él o ella.

—Si bien algunas personas enfrentan adversidades físicas, como Chris y Derek, y como mi padre y mi hijo —mencioné—, hay otras que luchan contra el trauma provocado por la guerra, el abuso infantil o la violencia doméstica, un trauma que deja heridas psicológicas.

”Supongo que en todos estos casos hay algunas personas resilientes que superan el trauma tanto físico como psicológico, y otras que simplemente no poseen esa fuerza. No siempre está claro por qué. Tal vez hay gente con una predisposición genética al pesimismo que no es criada en un entorno lo suficientemente amoroso como para fomentar la resiliencia y la esperanza.

Le conté a Jane que la investigación sobre la resiliencia tiene cruces interesantes con la investigación sobre la esperanza. La resiliencia psicológica es la habilidad para hacer frente a las crisis, permanecer en calma y superar los incidentes sin consecuencias negativas de largo plazo. Como un ecosistema resiliente que se recupera tras un desastre natural o una perturbación humana, las personas resilientes son capaces de recuperarse, aunque puede tomar tiempo, dependiendo de la severidad del trauma.

—En términos generales, una persona resiliente es capaz de salir adelante (o incluso crecer) como resultado de las adversidades —expliqué—. Estas personas tienen más esperanza, y con frecuencia ven los desafíos como oportunidades.

—Eso es muy triste —opinó Jane—: que algunas personas logren salir adelante, y hacerlo de las formas más asombrosas, mientras que otras se dan por vencidas, se amargan y se deprimen, e incluso pueden suicidarse o tratar de suicidarse, especialmente si no tienen familiares o amigos que las ayuden.

—Puede haber algunas excepciones —dije—, pero en términos generales, creo que estamos de acuerdo en lo crucial que es una crianza consistente y un ambiente seguro y cariñoso para propiciar la resiliencia en los niños. A partir de tu experiencia, ¿crees que pasa lo mismo con los chimpancés?

—Sí —respondió Jane—. Hemos conocido chimpancés que fueron separados de sus madres y maltratados de bebés; algunos fueron entrenados mediante severos castigos para ser usados en espectáculos, otros encerrados en jaulas vacías en laboratorios de investigación médica. Algunos nunca se recuperaron tras ser rescatados; nunca pudieron integrarse a un grupo normal de chimpancés, y posiblemente exhiban síndrome de estrés postraumático. Recuerdo una hembra que cada cierto tiempo se quedaba mirando al vacío y gritaba y gritaba histéricamente. La habían separado de su madre cuando era bebé y la criaron en un laboratorio donde estuvo privada de amor. Por el contrario, cuando los bebés chimpancés en estado silvestre cuyas madres fueron asesinadas llegan a uno de nuestros santuarios y de inmediato reciben amor y cuidados, suelen recuperarse relativamente rápido.

El indomable espíritu humano puede ayudarnos a sanar

—Me encanta saber que esta resiliencia puede ser tan universal —expresé—. También me asombraron los ejemplos que mencionaste ayer; cómo hay personas que han sufrido abusos horribles y que pueden superar su trauma para consagrarse a ayudar a otros que aún están luchando.

—Sí —contestó Jane—. Te refieres a las jóvenes burundianas que fueron capturadas y violadas, y los jóvenes que fueron obligados a convertirse en soldados de niños. Con ayuda profesional lograron enfrentar lo que les había ocurrido y encontrar la fuerza para seguir adelante con sus vidas, y decidieron que querían emplear su experiencia para ayudar a otras personas que no saben cómo superar la ira y la desesperación. Hacer algo para ayudar a los otros también te ayuda a sanarte, desde luego.

Jane me comentó que recibe "bastantes cartas" de personas que están enfrentando momentos difíciles; a veces, las escriben padres de niños con padecimientos graves o incurables, o gente que sufrió abusos en la niñez y todavía está tratando de superarlos, y con frecuencia otras que han perdido la esperanza por el deterioro del medio ambiente. Me dijo que constantemente habla por teléfono con personas con problemas físicos o mentales, o les escribe cartas.

—¿Y qué quieren de ti? —pregunté.

—Quieren ayuda, apoyo —respondió—. Es una enorme responsabilidad, y si te soy sincera, a veces es abrumadora. Al mismo tiempo, es un privilegio, porque muchas veces me dicen que de verdad les ayuda hablar conmigo. Incluso únicamente oír mi voz, que dicen que es relajante y los hace sentir en paz. No entiendo por qué pasa esto, pero he terminado por aceptar que es un don que recibí. Y esto me motiva a emplear mi don. Me ha ayudado a entender el tipo de dificultades y traumas que viven las personas, y me lleva a admirar cómo consiguen vivir con lo que les pasó, con valor y determinación. ¡De nuevo, ese espíritu indomable!

Jane me contó sobre una joven que le escribió una carta en la que incluyó un volante policiaco en el que se pedía información que ayudara a localizar a una persona desaparecida.

—La voy a llamar Anne —dijo Jane—. La persona desaparecida era su adorada hermana mayor, que había sido vista por última vez cuando era una adolescente, abordando un automóvil con un hombre en una gasolinera durante una terrible tormenta. Esto fue hace treinta y dos años.

Jane contó que Anne veneraba a su hermana mayor, que había sido una de las pocas influencias estables durante su conflictiva infancia.

—Cuando conocí a Anne —siguió Jane—, no parecía muy coherente, pero en la carta que me entregó y que luego leí, me pedía que firmara una petición para que se reabriera el caso de su hermana. Su caligrafía era tan pequeñita que casi necesité una lupa para leerla. Le respondí y me dijo que les había entregado la misma carta a unas cuarenta personas, "pero tú fuiste la única que me respondió".

Comenzaron a intercambiar correspondencia, y al paso del tiempo Jane le dio a Anne su número telefónico.

—Me llamaba tres o cuatro veces seguidas, y siempre lloraba al inicio de la conversación. Su voz sonaba distinta cada vez. He leído bastante sobre los extraños desórdenes de la mente, y me di cuenta de que había desarrollado personalidades múltiples, un mecanismo que hoy sabemos que permite enfrentar traumas extremos.

Jane me explicó más sobre el horrible trauma que había sufrido Anne. Cuando tenía dos años de edad, su padre regresó de la guerra de Vietnam y comenzó a abusar físicamente de su esposa, que cayó en una depresión clínica y tuvo que ser internada. Anne y su hermana se fueron a vivir con su padre, que volvió a casarse. Durante los diez años siguientes, Anne sufrió horrorosos abusos sexuales de su padre y abusos físicos tantos de parte de él como de su nueva esposa. Por alguna razón, su hermana se salvó de este maltrato. Cuando la madre de Anne finalmente fue dada de alta, construyó un hogar para Anne, que por entonces tenía doce años, y su hermana. Y justo entonces, cuando Anne había podido probar una vida normal, ocurrió la horrible desaparición de su hermana mientras iba camino a su casa para celebrar el Día de Acción de Gracias. No era de sorprender que Anne se encontrara en ese estado.

—Era increíble —me confió Jane—. Tenía veintidós identidades diferentes. Cuando empezó a confiar en mí, dibujó los árboles genealógicos de tres de sus muchas personalidades, que iban desde niños pequeños hasta adultos. Y, como dije, cuando me llamaba (lo cual ocurría con mucha frecuencia), Anne hablaba con diferentes voces. A veces colgaba, para luego volver a llamar con una voz muy diferente, tal vez la de un niño pequeño. Yo le preguntaba: "¿Quién eres esta vez, Anne?". Finalmente la animé a escribir los detalles del horrible abuso del que fue víctima.

Luego, preocupada por haberle dado consejos para los que no estaba calificada, Jane le escribió al doctor Oliver Sacks, el eminente neurólogo especializado en enfermedades de la mente.

—Le expliqué el extraño caso de Anne, y le conté que le había recomendado que escribiera algunas de sus terribles experiencias. "Pero no sé si hice lo correcto." Y él respondió: "Absolutamente. Yo les digo a todos mis pacientes que lleven con ellos una libreta y escriban cualquier cosa mala que se les ocurra. Que le hagan frente". También me dijo que nunca había oído de alguien con tantas personalidades diferentes.

Anne hizo lo que Jane le recomendó.

—Y ahora no necesito una lupa para leer su caligrafía —dijo Jane—. Ya no me llama todo el tiempo. Vive con su mamá y trabaja en una escuela para hijos de familias marginadas. La adoran. Y le gusta mucho estar con sus dos gatos. Logró que se reabriera el caso de su hermana, e incluso se animó a aparecer en público en nombre de quienes conocen el dolor de tener un ser querido desaparecido.

Me conmovió y me inspiró mucho que esta joven hubiera podido sanar del trauma de su pasado, y cómo Jane encontró el tiempo para ayudarla aunque estuviera viajando por el mundo sin parar.

—No sólo quería ayudarla —explicó Jane, como para dejar claro que no era una Madre Teresa—, también me sentía fascinada por su historia. Siempre me han cautivado la mente y sus problemas.

—Me da la impresión de que era tu lado de naturalista —dije—. ¿Qué aprendiste de trabajar con ella?

—Pues mira, ejemplifica maravillosamente cómo nuestro espíritu indomable puede combatir hasta los peores abusos y sufrimientos, y crear de nuevo a una persona completa.

Jane había dicho que la esperanza era un atributo para la supervivencia, y ahora yo quería empezar a entender por qué. De algún modo, Jane había conseguido infundirle esperanza a Anne, y conducirla por el camino de la recuperación. Cuando enfrentamos adversidades, la esperanza es la que nos permite movilizar nuestro espíritu indomable para superarlas.

Me daba la impresión de que estábamos volviendo a nuestras primeras conversaciones sobre la esperanza: cómo la resiliencia está vinculada a nuestra certeza de que podemos cambiar nuestras vidas y las vidas de los otros, cómo la esperanza realmente nos regala la voluntad no sólo de curarnos a nosotros mismos, sino también de hacer del mundo un mejor lugar.

—¿Sabes? —dijo Jane de pronto, tras un agradable silencio—. Creo que una de las cosas más importantes de este asunto es tener una red de apoyo, que por cierto puede incluir animales. Recuerda a los gatos de Anne.

Nos necesitamos los unos a los otros

—Sí, eso está claro —afirmé—. Mi investigación sobre la resiliencia me ha demostrado la importancia del respaldo social en épocas turbulentas; lo importante que es para que la gente supere la depresión y la desesperación, y vuelva a encontrar la esperanza.

—Ah, por supuesto, y me has hecho pensar en un ejemplo maravilloso

—dijo Jane con una sonrisa. Me arrellané en mi asiento para disfrutar una historia más.

—Es algo que oí durante uno de mis viajes a China. Se trata de dos hombres extraordinarios... espera, tengo que consultar sus nombres.

Jane abrió su laptop.

—Aquí los tengo: Jia Haixia y Jia Wenqi.

Jane me deletreó los nombres, cerró su computadora y empezó a contar una historia que evidentemente le encantaba.

—Ambos viven en una pequeña aldea rural de China y son amigos desde niños. Haixia era ciego de un ojo de nacimiento a causa de una catarata, y perdió la vista del otro en un accidente en una fábrica.. Wenqi, a su vez, perdió los dos brazos a los tres años de edad, cuando tocó el cable eléctrico de un poste derribado. Cuando Haixia quedó ciego por completo se deprimió mucho, y Wenqi decidió encontrar algo que le diera a su amigo un propósito en la vida. Por entonces, rondaban los treinta y cinco años.

”No sé cuánto tiempo le tomó a Wenqi gestar su plan, pero de pronto se le ocurrió la respuesta. Ambos habían hablado con frecuencia sobre la tierra que rodeaba su aldea, que se había ido degradando desde que eran niños. El trabajo en las canteras había contaminado los ríos, matando peces y otros seres acuáticos, y las emisiones industriales habían contaminado el aire.

”Me imagino a Wenqi diciéndole a su amigo que lo que tenían que hacer era plantar árboles. Puedo apostar que al principio Haixia se mostró incrédulo; ¿cómo iban a hacer eso? No tenían dinero, él estaba ciego y Wenqi no tenía brazos. Pero Wenqi tenía la respuesta: él sería los ojos de Haixia y Haixia sería sus brazos.

”Como no podían comprar semillas o arbolitos, decidieron clonarlos a partir de ramas cortadas de los árboles. Haixia las cortaba y Wenqi lo dirigía al lugar correcto. Para ir de un lugar a otro, Haixia se tomaba de una de las mangas vacías de Wenqi. Al principio todo salió mal. Estaban emocionados por haber logrado plantar unos ochocientos esquejes el primer año, pero imagínate

Una historia de la China rural: juntos, Jia Haixia y Jia Wenqi han plantado más de diez mil árboles para ayudar a curar la tierra, degradada y contaminada, que rodea su aldea: un hombre ciego y un hombre sin brazos. Hablando de espíritus indomables (Agencia Xinhua, China, China Global Photo Collection).

cómo se sintieron cuando llegó la primavera y se dieron cuenta de que sólo dos habían sobrevivido. La tierra era demasiado seca. En este punto, Haixia quiso darse por vencido, pero Wenqi le dijo que ésa no era una opción; tenían que encontrar la forma de regar los árboles.

"No sé cómo lo hicieron, pero bueno, lo hicieron. Plantaron más esquejes, y esta vez la mayor parte sobrevivió.

Jane me contó que juntos han plantado más de diez mil árboles. Al principio, los otros aldeanos eran escépticos, pero ahora los ayudan a cuidar esos árboles tan especiales.

—Hicieron un documental sobre ellos —contó Jane—, y recuerdo que en él Wenqi dice que si trabajan juntos físicamente y unidos espiritualmente pueden lograr lo que sea. Y también dice... a ver, espera un momento —Jane volvió a abrir su laptop—. Sí, aquí está: "Aunque estamos limitados físicamente, nuestro espíritu es ilimitado. Que la generación siguiente, y todas las demás, vean lo que dos individuos discapacitados pudieron lograr. Incluso cuando nosotros hayamos partido, verán que un hombre ciego y uno sin brazos crearon un bosque para ellos".

"Y ése —afirmó Jane— es un maravilloso ejemplo de la esperanza que la amistad puede darles a los desesperanzados. Y un maravilloso ejemplo de lo que puede lograr el indomable espíritu humano.

—Entonces, ¿lo que dices es que una persona que está decidida y que sabe hacia dónde quiere ir inspira a otra para que trabajen juntas?

—Sí —respondió Jane—. Y el otro elemento crucial es ayudar a las personas a darse cuenta de que importan como individuos. Que cada quien tiene su propio papel. Que nacieron por una razón.

—Y el sentido de propósito es muy importante para tener esperanza y ser felices, ¿no?

—Así es —respondió Jane—. Sin propósito, la vida está vacía y los días, los meses y los años se suceden ciegamente.

—Esto le pasa —reflexioné— a la gente que ha perdido la esperanza.

—Y a veces podemos sacarlos de esta vida aparentemente carente de significado con una buena historia —explicó Jane—, una que les toque el corazón y los despierte.

—¿Puedes darme un ejemplo?

—Uno de mis favoritos es imaginario, pero me parece muy adecuado. Es *El Señor de los Anillos*.

—¿Qué la hace ser una historia tan apropiada para los que han perdido la esperanza? —pregunté.

—Que el poder contra el que combatían los héroes parecía totalmente invencible: el poder de Mordor, de los orcos y de los Jinetes Negros, primero a caballo y luego sobre esas enormes bestias voladoras. Y Samsagaz y Frodo, dos pequeños hobbits, viajan al corazón de ese peligro por su cuenta.

—¿Ése es un ejemplo del indomable espíritu hobbit?

Jane rio.

—Creo que nos ofrece un buen modelo para sobrevivir y revertir el cambio climático y la pérdida de biodiversidad, la pobreza, el racismo, la discriminación, la avaricia y la corrupción. El señor oscuro de Mordor y los Jinetes Negros simbolizan todo el mal contra el que debemos luchar. La hermandad del Anillo incluye a todos los que participan en peleas justas. Tenemos que trabajar muy duro para extender esta hermandad por todo el mundo.

Jane señaló que la Tierra Media estaba contaminada por la industria destructiva de ese mundo, del mismo modo que nuestro medio ambiente está devastado el día de hoy. Y me recordó que la dama Galadriel le dio a Sam una cajita con tierra de su huerto.

—¿Recuerdas cómo usó ese regalo al contemplar el paisaje devastado cuando finalmente derrotaron al Señor Oscuro? Espolvoreó pizcas de esa tierra por la comarca, y la naturaleza comenzó a renacer por todos lados. Bueno, pues esa tierra representa todos los proyectos que buscan recuperar los hábitats del planeta Tierra.

La metáfora de Jane me pareció relajante e inspiradora, y me puse a imaginar todas las formas sencillas y humildes en las que la gente del planeta contribuye a reparar el daño que hemos causado. Las llamas ya ardían débilmente, pero la habitación y el rostro de Jane seguían iluminados por el sol del ocaso. Me pareció una imagen muy apropiada para ponerle fin a nuestra conversación, al menos por esta visita.

Aún faltaba un tema que quería explorar con Jane, uno que me interesaba desde hacía tiempo. Quería conocer la trayectoria que la había llevado a convertirse en un símbolo global. ¿Cómo se había transformado en una mensajera de la esperanza?

Pero esta última conversación sobre el viaje personal de Jane tendría que esperar hasta nuestro próximo encuentro. Planeamos volver a reunirnos unos meses después, cuando pudiera conversar con Jane en el hogar de su infancia, en Bournemouth. Me parecía un lugar ideal, pues quería saber más sobre sus años de formación. Nos despedimos con un abrazo y dejé la cabaña un anochecer en diciembre de 2019. No podíamos saber, al despedirnos en los Países Bajos, que nuestra conversación sobre la esperanza se vería interrumpida. Y lo necesaria que sería en los meses siguientes.

La gente siempre hacía comentarios sobre mis ojos, y decía que parecía poseer una sabiduría antigua; un "alma vieja", como dijo alguna vez una señora (Instituto Jane Goodall/Cortesía de mi tío Eric Joseph).

III

Una Mensajera de la Esperanza

Un viaje de toda la vida

Como ocurrió con tantos encuentros, celebraciones y reuniones en todo el mundo, nuestro plan para visitar a Jane en su hogar de infancia en Bournemouth tuvo que ser cancelado a causa de la pandemia. No fue sino hasta el otoño de 2020 que pudimos retomar nuestra conversación. Hablamos por Zoom; Jane sí se encontraba en Bournemouth, pero yo estaba sentado frente a una pantalla al otro lado del mundo, en mi casa en California.

A estas alturas. el virus ya había provocado enormes daños económicos y emocionales, y había dejado muerte y devastación a su paso. Apenas unos días antes, tuve que asistir al funeral de mi compañero de habitación en la universidad; al inicio de la pandemia se quedó sin trabajo y se deprimió. Otro amigo de la universidad y yo tratamos de ayudarlo a superar su desorientación y su sentido de pérdida, pero no sabíamos lo desesperanzado que realmente se sentía. Los últimos días parecía estarle yendo mejor, y de hecho nos dijo que no teníamos que ir a verlo ni mandarle ayuda. Dos días después de nuestra última conversación, se pegó un tiro.

Mi pena por mi querido amigo era parte de una tendencia mundial al alza; por todo el planeta, la gente sufría el desarraigo y el aislamiento de la pandemia, y las muertes por depresión escalaban a un ritmo aterrador. Pocos meses después, otra persona cercana, un joven amigo de la familia, murió por una sobredosis de drogas. Una pandemia de enfermedades mentales se propagaba tan rápidamente como el virus. Mucha gente sintió que todos los días la golpeaba una nueva crisis y nuevas oleadas de dolor y de duelo.

Volver a ver el rostro de Jane, aunque fuera en una pantalla, representó para mí un rayo de esperanza en medio de mi dolor. Llevaba el cabello cano atado en su típica cola de caballo, y usaba la misma camiseta verde safari que en Tanzania. Parecía una guía de la naturaleza y, en efecto, durante nuestro trabajo en este libro, me guio en un viaje por algunas de las más hermosas aspiraciones y los peores miedos de nuestro mundo y nuestra naturaleza humana, en la búsqueda de las fuentes de la esperanza y las formas de enfrentar la desesperación.

—Qué maravilla poder ver tu rostro después de tener que ir a ese horrible funeral —fue lo primero que le dije cuando nos reconectamos.

—Lo siento mucho, Doug. Perder a alguien querido siempre es difícil. Pero el suicidio es una pérdida particularmente dolorosa.

Jane estaba sentada frente a un "escritorio" improvisado: una cajita sobre una caja un poco más grande y colocadas en una pequeña mesa. Los estantes tras ellas eran un collage de fotografías familiares, recuerdos de sus viajes y muchos de los libros que leyó de niña, incluyendo las historias del Doctor Doolittle y Tarzán y *El libro de la selva*, sobre Mowgli y los animales salvajes de India que lo criaron. Y su colección de filósofos y poetas, recordatorios de su curiosidad adolescente.

—Y también lamento mucho que no pudieras venir —dijo Jane—, pero déjame mostrarte mi escondite en el ático.

Recorrió el cuarto con su laptop para presentarme a algunas de las personas y recuerdos más valiosos de su vida.

—Ésta es mi mamá —explicó Jane, y levantó una fotografía enmarcada de su madre con cabello oscuro y una camisa marrón—. Y éste es Grub —añadió, señalando una fotografía de su hijo—. Aquí tiene unos dieciocho años —el cabello de Grub era muy corto, y parecía mirar hacia el futuro a través de sus gafas sin marco.

Mi mamá (Michael Neugebauer/www.minephoto.com)

”Y aquí está el tío Eric —continuó. El tío Eric tenía el cabello oscuro y una mirada seria y pensativa. Podía ver el parecido de todos los parientes que había conocido durante nuestras conversaciones.

”Ésta es mi abuela Danny —dijo, señalando una gran fotografía en blanco y negro que mostraba a una mujer mayor con un rostro amable, sabio y determinado. Y había otra de Danny con Grub cuando era un pequeño de tres años de edad. Al lado, estaba su tía, que todos conocían como Olly, una abreviatura de su hombre galés, Olwen. Y un retrato enmarcado del abuelo que Jane nunca conoció, pues murió antes de que ella naciera: un rostro serio pero al mismo tiempo cálido que emergía de un alzacuello clerical. Para terminar, había fotos de sus dos esposos, Hugo y Derek, y un gran retrato enmarcado de Louis Leakey.

La colección de fotografías de Jane estaba llena tanto de animales como de personas.

Rusty, mi maestro (Instituto Jane Goodall / Cortesía de la familia Goodall).

—Éste —dijo, con una nueva suavidad en su voz— es Rusty. Señaló una fotografía que mostraba a una Jane adolescente en uniforme de equitación junto a un perro negro con una mancha blanca en el pecho.

"Pero déjame mostrarte su retrato —acercó la fotografía a la pantalla de la laptop y pude ver sus ojos transparentes, rebosantes de inteligencia.

"Era muy especial —dijo—. Más inteligente que cualquier otro perro que haya conocido. Fue quien me enseñó que los animales tienen mentes capaces de resolver problemas, así como emociones y personalidades muy bien definidas, lo que por supuesto me ayudó enormemente cuando empecé a estudiar a los chimpancés.

"Y aquí está David Barbagris —pude ver la elegante barba blanca del primer chimpancé que le perdió el miedo. El que le demostró a Jane que los humanos no somos los únicos que usamos y construimos herramientas.

"Y Wounda —añadió.

Una de las experiencias más maravillosas: Wounda me abrazó durante un largo tiempo, y acababa de conocerla ese mismo día (Instituto Jane Goodall/Fernando Turmo).

Reconocí la imagen gracias al video viral de este tierno abrazo entre especies. Wounda había sido secuestrada por cazadores furtivos para vender su carne; cuando la rescató uno de los centros de rehabilitación para chimpancés del Instituto Jane Goodall, se encontraba al borde de la muerte. Tras la primera transfusión sanguínea de chimpancé a chimpancé que se hizo en África, la cuidaron hasta que recuperó la salud y la llevaron a vivir a los bosques de una isla protegida en la República del Congo. Cuando salió de la jaula en la que hizo el viaje, se giró y le dio a Jane un largo abrazo. Jane dijo que fue una de las experiencias más maravillosas que ha tenido. Hoy, Wounda es la hembra alfa y dio a luz a un bebé llamado Hope, es decir, Esperanza.

Wounda, antes y después (Instituto Jane Goodall/Fernando Turmo).

—Y allí arriba —dijo Jane, inclinando su computadora—, hay algunos animales de peluche muy especiales. Adonde quiera que voy, me los regalan... ¡sobre todo chimpancés, desde luego!

Tomó el peluche de una petroica, la especie milagrosamente salvada de la extinción sobre la que me contó en una de nuestras entrevistas. Señaló algunos más que representan especies en peligro de extinción que diversas personas están tratando de salvar.

Algunos de los animales de peluche que me han regalado durante mis viajes alrededor del mundo (Instituto Jane Goodall / Jane Goodall).

Luego, de una silla junto a su escritorio, tomó un extraño monito sujetando una banana. Lo reconocí de inmediato: el famoso Señor H.

—Me lo regaló Gary Haun hace veinticinco años —contó Jane—. Gary perdió la vista en un accidente cuanto tenía veintiún años y estaba con los Marines. Por alguna razón, decidió que quería volverse mago. La gente le decía: "No puedes ser mago si estás ciego". Pero de hecho es tan bueno que los niños ante los que presenta su espectáculo ni siquiera se dan cuenta de que no puede ver. Cuando termina su acto, les explica que es ciego y les dice que si algo sale mal nunca tienen que darse por vencidos, que siempre hay un modo de seguir adelante. Le gusta bucear y tirarse en paracaídas, y aprendió por su cuenta a pintar.

Jane tomó un libro, *Blind Artist* (El artista ciego) y lo abrió en la fotografía de un cuadro del Señor H. Me maravilló que lo hubiera pintado un hombre que sólo tocó, pero nunca vio, a ese monito de peluche.

—Gary creía que me estaba regalando un chimpancé —añadió Jane—, pero hice que tocara la cola y, por supuesto, los chimpancés no tienen cola.

Gary Haun, el mago ciego que me regaló al Señor H. Él se llama a sí mismo ¡el Gran Haundini! (Roger Kyler).

"No importa —dijo—, llévalo a donde vayas y sabrás que estoy contigo en espíritu." Así que el Señor H me ha acompañado a sesenta y un países, y lo han tocado al menos dos millones de personas, porque les digo que si lo hacen, se les va a pegar la inspiración. Déjame compartir contigo un secreto que les digo a los niños: todas las noches, el Señor H se come un plátano, pero es un plátano mágico y siempre vuelve a aparecer por la mañana.

Hizo brillar esa sonrisa pícara y sabia tan característica.

Tomó otros juguetes.

—Déjame presentarte a Puerquito, Vaca, Ratita y Octavia la Pulpo. Ellos y el Señor H son mis compañeros de viaje.

Le pregunté qué los hacía especiales.

El Señor H es muy famoso. Todos quieren tocarlo, especialmente los niños (Robert Ratzer).

—Encarnan ideas de mis charlas. Uso a Vaca cuando hablo sobre la ganadería industrial, sobre todo, cuando converso con niños y quiero explicarles cómo producen metano, ese virulento gas de efecto invernadero —rio y, sosteniendo a Vaca, me hizo una demostración—. Aquí entra la comida —dijo, señalando la boca— y mientras se digiere crea el metano —y alzó la cola de Vaca para mostrar por dónde salía el gas—. También les digo que las vacas eructan mucho, y se escuchan muchas risitas. A Ratita la uso cuando hablo de lo inteligentes que son las ratas y, sobre todo, cómo se han entrenado ratas de Gambia, también llamadas ratas gigantes de carrillos, para detectar minas terrestres aún activas que quedaron enterradas después de una guerra civil.

Yo sabía cuánta gente ha perdido un pie o una pierna al pisar una de éstas. Jane me explicó que también usaba a Puerquito y Octavia para hablar sobre la inteligencia animal, especialmente en cerdos y pulpos.

También señaló varios recuerdos de su vida "en ruta", cuando, antes de la pandemia, viajaba por todo el mundo despertando la conciencia... y la esperanza.

—Son regalos preciosos, cada uno con su propia historia —dijo, recorriendo lentamente los atestados estantes con la cámara de su computadora.

Al final, llegó a una caja de madera con dos chimpancés exquisitamente grabados en la tapa.

—Aquí —explicó— es donde guardo casi todos mis símbolos de la esperanza. A veces los uso en mis conferencias.

Regresó a su estudio, puso la laptop de vuelta en su precario escritorio y, uno por uno, tomó diversos objetos para mostrarme. El primero fue una campana rústicamente fabricada que emitió un áspero repiqueteo.

—Ésta fue hecha con metal de una de las muchas minas terrestres que permanecían enterradas sin explotar tras la guerra civil en Mozambique. Cientos

Uno de mis símbolos de esperanza, una campaña hecha del metal de una mina terrestre desactivada. Siempre la toco en el Día Internacional de la Paz de la ONU (Mark Maglio).

de mujeres y de niños han perdido un pie al pisar una de ellas mientras trabajan en los campos. Lo que la hace aún más especial es que la detectó una rata de Gambia especialmente entrenada, como las que te acabo de contar. Son unas criaturitas adorables; he visto cómo las entrenan en Tanzania, y aún están trabajando en diferentes partes de África.

Le siguió un trozo de tela. Cuando supervisaba la remoción de minas terrestres para una organización benéfica en Mozambique, Chris Moon pisó una de ellas; perdió la pierna derecha y el antebrazo del mismo lado. Más tarde, no sólo aprendió a correr con una prótesis ligera, diseñada especialmente, sino que completó el Maratón de Londres menos de un año después de salir del hospital, y luego corrió muchos otros.

—Éste es uno de los calcetines con los que Chris cubre el muñón para evitar el roce —explicó Jane—. Y es uno muy especial, que usó cuando corrió el maratón más difícil del mundo, el Marathon des Sables: doscientos veinte kilómetros de arena por el desierto del Sahara.

A continuación, Jane sostuvo un trozo de concreto que logró obtener un amigo alemán —que sólo tenía a la mano una navaja de bolsillo— del Muro de Berlín la noche que cayó. También tenía un trozo de piedra caliza proveniente de la cantera en la que Nelson Mandela fue obligado a trabajar cuando se encontraba en la cárcel de Robben Island.

—Y esto es muy, muy especial —dijo Jane, y tomó una pequeña tarjeta de regalo. La abrió para que viera lo que contenía: dos plumitas primarias negras que le había enviado Don Merton. Ya contamos cómo logró salvar a las petroicas de la isla de Chatham de la extinción.

—Éstas —dijo Jane, señalando amorosamente las pequeñas plumas— provienen de Bebé Azul, la hija de Azul y Amarillo.

Me contó que también tenía una pluma primaria del ala de un cóndor de California, otra ave salvada de la extinción, pero que la guardaba en la oficina del Instituto Jane Goodall en Estados Unidos. ¡Mide sesenta y cinco centímetros de largo!

El cóndor de California estuvo a punto de extinguirse. Gracias al dedicado trabajo de muchos biólogos, se han multiplicado sus poblaciones. Me encanta sacar lentamente del tubo una de sus largas plumas primarias durante mis conferencias. Es uno de mis símbolos de esperanza (Ron Henggeler).

—Cuando doy una conferencia en Estados Unidos, la saco muy, muy lentamente de su tubo de cartón. Nunca falla: el público siempre lanza un grito de sorpresa, y creo que también de reverencia.

Jane volvió a guardar con cuidado los tesoros en su caja y reanudamos la entrevista. Una vez más, podía ver sus ojos inquisitivos. Le comenté algo sobre ellos, y Jane sonrió mientras un recuerdo llegaba a su memoria.

—Cuando era bebé (tendría tal vez un año de edad), mi nana me llevaba al parque en mi carriola. Al parecer, muchas personas se detenían a saludarnos; toda la gente se conocía por ese entonces. Pero había una señora mayor que se negaba a voltear a verme. "Algo tienen sus ojos", le dijo a mi nana. "Parece que pudieran ver mi mente. Hay un alma vieja dentro de esa niña, y me parece muy perturbador. No quiero volver a verla".

"Ay, espera un momento —dijo Jane, y se alejó de improviso de la pantalla—. Olvidé cargar mi laptop y estoy a punto de quedarme sin batería.

Mientras ella iba por el cable, me pasaron un montón de ideas por la cabeza. Hay muchas razones para pensar que nuestros mejores días como especie quedaron atrás. La inestabilidad política y el ascenso de los demagogos amenaza la democracia por todo el mundo. La desigualdad, la injusticia y la opresión aún nos acosan. Incluso nuestro hogar planetario está en peligro. Y a pesar de todo esto, Jane me había mostrado algunas profundas razones para conservar la esperanza: nuestro sorprendente intelecto, la resiliencia de la naturaleza, la energía y el compromiso de los jóvenes. Y por supuesto, el indomable espíritu humano. ¿Cómo podía ella experimentar y padecer la crueldad y el sufrimiento de tantas personas y animales por todo el mundo, tanta destrucción de la naturaleza, y seguir siendo sinónimo de esperanza? ¿Siempre tuvo esta capacidad?

Cuando Jane volvió a sentarse, le dije lo mucho que me maravillaba su capacidad no sólo de tener esperanza en el futuro, sino de inspirar a otros para que también la tuvieran.

—¿Cómo es que la bebé de la carriola, la del alma vieja que se asomaba a través de sus ojos, se convirtió en una mensajera de la esperanza? —le pregunté.

—A ver, creo que algunas de las respuestas a esa pregunta comenzaron a tomar forma cuando apenas era una niña —narró—. Ya hablé sobre la autoestima que me confirió el apoyo de mi madre. Y también, crecer rodeada de una familia tan maravillosa. Danny tuvo que sacar adelante a su familia cuando mi abuelo murió de cáncer y la dejó casi en la quiebra. Es una lástima que no haya tiempo para compartir su historia. Olly y el tío Eric también fueron maravillosos ejemplos. Olly era fisioterapeuta y trabajó con muchos niños víctimas de polio, pie zambo, raquitismo y otros males; mi primer trabajo, cuando volví a casa tras mi curso de secretaria en Londres, fue tomar notas para el cirujano ortopédico que iba a revisar a los niños una vez a la semana. Allí aprendí lo cruel que puede ser la vida, que hace padecer enfermedades tan dolorosas a los niños inocentes y a sus familias. También allí me impresionaron una y otra vez el valor y el estoicismo de estas personas. Difícilmente pasa un día en el que no dé gracias por tener el don de la buena salud. No lo tomo a la ligera.

Me contó que cuando iba a Bournemouth a pasar los fines de semana, el tío Eric le contaba historias de sus operaciones a víctimas del Blitz.

—Como dije antes —mencionó Jane—, crecer durante la Segunda Guerra Mundial me enseñó muchísimo. Aprendí el valor de la comida y de la ropa, porque todo estaba racionado. Y aprendí sobre la muerte y la dura realidad de la naturaleza humana: el amor, la compasión y el valor, por un lado; la brutalidad y la crueldad impensable, por el otro. Este lado oscuro me fue revelado de muy joven, cuando, como discutimos antes, se publicaron los primeros reportajes y fotografías impresionantes de los esqueléticos supervivientes del Holocausto.

"Y la derrota de la Alemania nazi... No puede haber mejor ejemplo de cómo se puede lograr la victoria, incluso cuando la derrota parece inevitable, si se enfrenta al enemigo con gran valor y audacia.

Empezaba a entender el importante papel que habían desempeñado la familia y las circunstancias de Jane en la construcción de la mujer que es hoy. Pero noté que no había mencionado a su padre.

—Sí, mi padre no aparece mucho en mis recuerdos de infancia, porque se unió al cuerpo de Ingenieros Reales muy al principio de la guerra, y él y mi mamá se divorciaron al final de ella. Pero lo cierto es que heredé mi fuerte complexión de él.

—Sí, me has contado que te recuperaste de unos fuertes brotes de malaria, y que los muchos moretones y cortadas que te hiciste trepando por el bosque siempre se curaron rápidamente. ¿Cómo te volviste tan fuerte? Porque mencionaste que de pequeña no lo eras.

Jane rio.

Con mi padre, mamá y Judy, el día que fui honrada con el nombramiento de Comandante del Imperio Británico (Instituto Jane Goodall / Mary Lewis).

—No lo era para nada. Perdí muchos días de escuela. Como creo que te conté, solía tener migrañas muy, muy fuertes, que aparecían justo cuando empezaba un examen de fin de cursos. Esto me fastidiaba, porque siempre estudiaba mucho y ansiaba responder todas las preguntas que me hicieran. Y con frecuencia tenía episodios muy dolorosos de amigdalitis, y en varias ocasiones acompañados de esquinencias.

—¿Qué es una esquinencia? —pregunté.

—Es un absceso en la base de una amígdala, muy, muy doloroso, hasta que se revienta. Padecí todas las enfermedades de la infancia, excepto paperas: sarampión, rubeola, varicela... y Judy y yo casi morimos de escarlatina.

"Te conté sobre esa vez, cuando tenía alrededor de quince años, en que estaba segura de que si sacudía la cabeza podía oír cómo se movía mi cerebro dentro de mi cráneo. Estaba muy asustada. Al final, el tío Eric hizo que me examinaran. Por supuesto, no pasaba nada con mi cerebro, pero aun así no me atrevía a sacudir la cabeza porque seguía oyendo, o pensando que oía, cómo rebotaba mi cerebro allí dentro. De hecho, como te conté durante una de nuestras conversaciones, me enfermaba con tanta frecuencia que el tío Eric me llamaba Weary Willie. Pero un día lo escuché hablar con mamá y preguntarle si tendría la fortaleza física para cumplir mi sueño de viajar a África. Por supuesto, eso fue como un desafío: ¡si quería cumplir mi sueño de estudiar animales en África, tenía que probar que estaba equivocado!

—Y vaya que lo probaste. Pero ¿cómo lo hiciste?

—Ahora que lo pienso, me doy cuenta de que nunca me enfermaba durante las vacaciones. Me iba muy bien en la escuela, pero yo quería estar en la naturaleza. ¡Enfermarme debe de haber sido algún tipo de mecanismo psicológico (y totalmente inconsciente) para escaparme de la escuela! Porque durante las vacaciones era todo menos femenina: trepaba los árboles más altos, nadaba cuando aún había nieve en el suelo, en la escuela de equitación me permitían montar el caballo más brioso, que adoraba corcovear y tratar de escaparse.

Reí.

—¿Tal vez todo esto te entrenó para las cosas con las que tuviste que lidiar en África?

—Hubo algunos momentos alarmantes —confesó Jane. Me contó sobre sus encuentros cercanos con búfalos y leopardos; se los encontraba súbitamente, pero nunca le hicieron daño. Una vez, el mar depositó una letal cobra de agua anillada sobre sus pies mientras caminaba por la playa y la miró con "ojos negros y muertos".

Rio.

—La verdad, debo admitir que me asusté un poco. No había antiveneno, y muchos pescadores habían muerto por mordeduras de cobra cuando atrapaban por accidente a una de ellas entre sus redes. Yo me quedé muy quieta, y ¡fue un alivio cuando llegó otra ola y se la llevó!

"Pero todo eso fue muy emocionante, Doug —dijo Jane—. La peor parte era cuando los chimpancés escapaban de mí y no sabía si tendría tiempo de ganarme su confianza antes de que se acabara mi financiamiento. La gente me pregunta si al principio pensé alguna vez en renunciar. Bueno, a estas alturas ya me conoces muy bien: soy muy terca, y jamás pensé siquiera en darme por vencida.

—¿Y qué pasó cuando criticaron tus métodos mientras estudiabas en la Universidad de Cambridge? —le pregunté—. Después de todo, no tenías estudios universitarios. No tenías formación científica. ¿Te sentiste intimidada entonces?

—Me intimidaba ir a esa universidad tan famosa y estar entre estudiantes que habían tenido que trabajar muy duro para obtener sus licenciaturas. Pero cuando me explicaron que no podía decir que los chimpancés tienen personalidades, mentes y emociones... bueno, me quedé pasmada. Tuve la suerte de haber aprendido de Rusty y de las diversas mascotas que me acompañaron de niña antes de ir con los chimpancés, y sabía que los profesores estaban absolutamente equivocados a este respecto. Entendía perfectamente que no somos los únicos seres del planeta con personalidad, mentes y sentimientos, y que somos parte del sorprendente reino animal; no estamos separados de él en lo absoluto.

—¿Y entonces, cómo te enfrentaste a esos profesores?

—Pues no discutí con ellos; sólo seguí escribiendo por mi cuenta sobre los chimpancés tal como son, mostrándole a la gente las películas que Hugo había filmado en Gombe, invitando a mi supervisor a ir allá. Con todas mis observaciones de primera mano, aunadas a las fantásticas películas de Hugo y todos los hechos que habían ido descubriéndose sobre su similitud biológica con nosotros, la mayoría de los científicos dejaron de criticar mis actitudes poco ortodoxas. Lo repito: ¡soy muy terca, y no me doy por vencida fácilmente!

Pensé en esa victoria, que hoy se considera que desempeñó un papel clave en la transformación de nuestra relación con los animales.

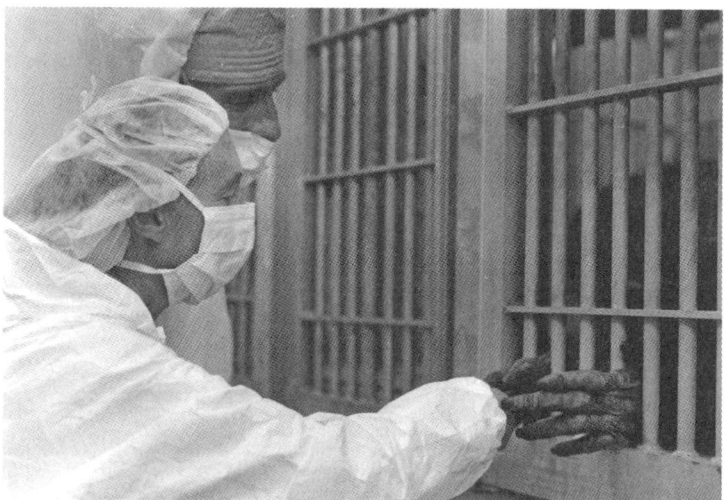

(Arriba) Un chimpancé joven en un laboratorio de investigación, totalmente deprimido. Nótese el tamaño de su jaula (Linda Koebner).
(Abajo) Yo visitando a un chimpancé en una de las prisiones de un laboratorio (Susan Farley).

—En fin —dijo Jane, interrumpiendo mis pensamientos—, como sabes, obtuve mi doctorado y volví a Gombe. Feliz de la vida me habría quedado allí para siempre, pero por supuesto todo cambió cuando fui a esa conferencia de 1986 y tuve mi "momento Damasco".

—¿Qué pasó después? —pregunté.

—La primera batalla que decidí librar fue la de la pesadilla de los chimpancés en la investigación médica.

—Jane —pregunté—, ¿en verdad pensaste que podías hacer algo para ayudar a los chimpancés en esos laboratorios? ¿En verdad pensaste que podías enfrentar al *establishment* de la investigación científica?

Jane rio.

—Si lo hubiera pensado bien, probablemente jamás lo hubiera intentado. Pero al mirar los videos de los chimpancés en esos laboratorios... estaba tan alterada y molesta que al menos tenía que dar la lucha. Por el bien de los chimpancés.

"La peor parte fue obligarme a ir a un laboratorio para ver la situación con mis propios ojos. Creo que no puedes enfrentar ningún problema sin conocimiento de primera mano. Dios mío, qué espantoso es encontrarse en presencia de seres sociales e inteligentes que estaban confinados, solos, en jaulas de 1.50 por 1.50 m. Terminé yendo a varios laboratorios, pero mi primera visita fue la más difícil. Mi mamá sabía cómo me sentía, y me envió una carta en la que incluyó una tarjeta en la que había escrito un par de citas de Churchill. Sorprendentemente, cuando íbamos hacia el laboratorio pasamos frente a la Embajada Británica, en la que una estatua de Churchill hacía su famosa señal de la V de Victoria. Fue como un mensaje del pasado. Una vez más, este inspirador líder de tiempos de guerra se presentaba para darme valor cuando lo necesitaba desesperadamente.

—¿Cómo te fue cuando llegaste?

—Esa visita fue todavía más devastadora de lo que esperaba, y acentuó aún más mi determinación de hacer todo lo que pudiera para ayudar a esos pobres prisioneros —dijo Jane—. Decidí usar tácticas similares a las que empleé con los científicos de Cambridge: les conté a los investigadores sobre los comportamientos de los chimpancés de Gombe y les mostré las películas. Estoy convencida de que mucho de lo que yo percibía como crueldad deliberada en realidad no era más que ignorancia. Yo quería tocarles el corazón y, en el caso de algunos, funcionó. Tuvimos reuniones, me invitaron a darles pláticas a sus equipos y al menos me permitieron enviarles a un estudiante para llevar actividades de "enriquecimiento" a algunos de los laboratorios, algo que aliviara el desesperado aburrimiento de un ser inteligente en una jaula vacía, totalmente solo y sin nada que lo ayudara a pasar sus días monótonos, con excepción del miedo y el dolor que les provocaban los invasivos protocolos de investigación.

"Ha sido una pelea muy larga y difícil a la que han contribuido muchas personas y grupos, pero finalmente, hasta donde sé, se detuvo la investigación médica en chimpancés. Y aunque mi pelea estaba basada en argumentos éticos, la decisión final, que afectó aproximadamente a cuatrocientos chimpancés propiedad de los Institutos Nacionales de Salud de Estados Unidos, se tomó cuando un equipo de científicos encontró que nada en el trabajo que se estaba haciendo con ellos era realmente benéfico para la salud humana.

Sabía que ésta era la primera de las muchas batallas en las que se involucró Jane a lo largo de los años, pero le pregunté cómo fue que decidió ocuparse de los enormes desafíos que enfrentaban sus amados chimpancés en África.

Desafíos en África

—Entonces, después de muchos años, tú y otros que se unieron a esta batalla consiguieron la victoria. Pero al mismo tiempo, intentabas hacer algo sobre la situación en África, ¿cierto? ¿No era aún más difícil? ¿En verdad pensaste que podías cambiar las cosas?

—¡Ay, Doug! ¡Ni siquiera sabía si podría hacer algo! Fue después de una conferencia en 1986, aquélla en la que vi las películas filmadas en secreto de laboratorios con chimpancés. No sabía cómo ayudarlos pero, como te conté, debía intentarlo. En la misma conferencia tuvimos una sesión sobre conservación, y fue impactante. Por toda África había bosques destruidos, historias de horror de chimpancés asesinados por su carne y de bebés arrancados de sus madres muertas para ser vendidos, además de las evidencias de una drástica disminución en todas las poblaciones de chimpancés que se estaban estudiando. De nuevo comprendí que debía hacer algo. No sabía qué o cómo, sólo que no hacer nada no era una opción.

”Y una y otra vez sentí que tenía que ir a África a ver por mí misma algunas de las cosas que estaban pasando, así que reuní suficiente dinero para visitar los seis países en los que se estaba estudiando a los chimpancés. Uno de los primeros desafíos que noté fue la gran cantidad de bebés huérfanos cuyas madres habían sido asesinadas para vender su carne. Con frecuencia, los pequeños se comerciaban en los mercados locales como mascotas. Esto era ilegal, pero la gente tenía otras cosas de qué preocuparse, y la corrupción era ubicua.

”Nunca voy a olvidar al primero de estos huérfanos que vi. Tenía más o menos un año de edad y estaba atado al techo de una jaula de alambre con un trozo de cuerda. Rodeado de congoleses altos y risueños. En posición fetal, con la mirada en blanco. Cuando me acerqué e hice un suave sonido de saludo, el chimpancé se sentó y extendió la mano hacia mí, mirándome a los ojos.

”De nuevo supe que debía hacer *algo.* Y tuve un golpe de suerte. Justo antes de empezar mi viaje por África, James Baker, que era secretario de Estado de George Bush padre, me había invitado a un almuerzo y me había ofrecido ayuda. Él les mandó mensajes por télex a todos los embajadores estadunidenses de los países que planeaba visitar, solicitándoles que me ayudaran. Así fue como pude entrar en contacto con el embajador en Kinshasa, quien habló con el ministro del Medio Ambiente, quien a su vez mandó a un policía para que nos acompañara cuando volvimos al mercado esa misma tarde. Estaba vacío, excepto por ese pequeño chimpancé: ¡creo que se había corrido la voz sobre la presencia del policía! Cortamos la cuerda y el Pequeño Jim, como lo llamamos en honor del secretario de Estado, saltó a mis brazos y se aferró a mi cuello con los brazos. Por supuesto, yo no podía ocuparme de él en ese momento, pero fue transferido al amoroso cuidado de Graziella Cotman, la mujer que me había rogado que fuera a Kinshasa a ver si podía ayudar. Ése fue el inicio de nuestros programas de santuarios para chimpancés huérfanos.

"Y ya hablamos sobre cómo entendí que para mejorar la situación de los chimpancés en estado silvestre era necesario hacer algo por mejorar las vidas de las comunidades locales, muchas de las cuales sufrían los efectos de la pobreza extrema, y cómo esto fue la semilla de Tacare.

De joven tímida a oradora internacional

A estas alturas, ya empezaba a entender cómo Jane había logrado enfrentar problemas que muchas personas creían irresolubles: con determinación y con capacidad para inspirar y obtener ayuda de las personas mejor situadas para ayudar a transformar la situación. Pero ¿cómo ocurrió su transformación, de investigadora de campo que pasaba horas sola en el bosque a conferencista que viaja por el mundo, da charlas trescientos días al año y siempre está rodeada de gente?

—¿Qué te permitió hacer esa transición? —le pregunté—. Me has contado que eras una niña tímida, ¿cómo te habrías sentido si un profeta le hubiera revelado a la Jane de veintiséis años cuál sería su futuro?

—Si la primera vez que fui a África alguien me hubiera dicho que en cierto punto daría conferencias en auditorios llenos de gente, les habría dicho que eso era imposible. Nunca había hablado en público. Y cuando me decían que tenía que dar una charla, me aterrorizaba.

"Durante los primeros minutos de mi primera conferencia sentía que no podía respirar. Pero luego descubrí que estaba bien y pude respirar de nuevo.

Fue entonces cuando me di cuenta de que tenía un don: el de comunicarme con la gente. De llegarles al corazón con palabras tanto habladas como escritas. Por supuesto, me he esforzado por mejorar. Mientras practicaba para esa primera plática frente a mi sufrida familia, me hice una promesa: nunca leería un discurso. Y nunca diría "este..."o "eeh".

—¿Por qué hiciste esa promesa?

—Porque pensaba que la gente que leía discursos era aburrida. Y es muy irritante escuchar muchos *estes* y *eeehs*.

Me gustó mucho escuchar a esta legendaria oradora describir el primer discurso que dio y lo decidida que estaba a practicar, a dar lo mejor de sí.

—En fin, desde el principio mi don estaba allí, esperando a ser usado. Recuerdo que la tercera charla que tuve que dar fue en la Royal Institution de Londres, donde han hablado muchos científicos británicos famosos. La tradición es que nadie te presenta: sencillamente caminas hasta el podio cuando el reloj está dando las ocho, y tras la última campanada comienzas tu conferencia. Justo cuando suena la primera campanada de las nueve, tienes que terminar. Así que yo iba aterrada, completamente aterrada. Antes de la conferencia debía asistir a una pequeña cena formal, y luego me metieron en una habitación a solas durante una hora.

—Pero ¿no es eso lo que siempre quieres? —pregunté—. ¿Tiempo para estar a solas, para concentrarte?

—Eso es lo que quiero ahora, pero entonces, ¡bueno, sólo era una hora para ponerme más y más nerviosa! Mientras me llevaban hacia ese cuarto, me di cuenta de que había olvidado mis notas y entré en pánico.

"Desesperada, le pedí a alguien que llamara a mi mamá, y ella logró llegar temprano y llevarme mis notas. Eso me tranquilizó un poco, pero recuerdo cómo daba vueltas y vueltas por aquel pequeño cuarto.

Le pregunté cómo le había ido.

—Con el tiempo me sacaron de ahí, como una oveja que conducen al matadero, y subí al podio. Recuerdo que el reloj hizo un sonido chirriante justo antes de marcar la hora. Y, bueno, empecé a hablar tras la última campanada de las ocho y terminé *exactamente* cuando debía terminar, con la primera campanada de las nueve.

"Después, un miembro del personal me pidió una copia de mi charla, y le pregunté: '¿A qué se refiere?'. Él respondió, con gesto sorprendido: 'Ya sabe, el texto de donde usted leyó'.

"Cuando le entregué una sola hoja de papel que apenas tenía seis o siete líneas garabateadas en tinta roja, me miró asombrado y un tanto perplejo.

—A estas alturas, ya llevas décadas dando conferencias a audiencias enormes —dije—. ¿Se te ocurrió cuando diste la primera conferencia pública que ésta conduciría a muchas más?

—Pues siempre supe que tenía un don para la escritura —añadió Jane—. Desde muy pequeña me gustaba escribir cuentos, ensayos, poemas. Pero nunca pensé que tuviera un don para hablar. No fue sino hasta que me vi obligada a dar el primer discurso, y descubrí que la gente escuchaba y oí su aplauso al final, que entendí que lo hago bien. Creo que la gente tiene dones que no conoce porque nunca se ve obligada a usarlos.

Pensé en esto por un momento y le pregunté a Jane si creía que había recibido este don por alguna razón.

—Creo que tengo que creerlo —respondió—. Sé que he recibido ciertos dones, y en efecto parece haber una razón. En todo caso, haya razón o no, siento que es mi responsabilidad emplearlos para hacer algo bueno por el mundo y dejarle un mejor lugar a las futuras generaciones. Y aunque se siente extraño admitirlo, incluso para mí, sí creo que estoy aquí por una razón. Es decir, cuando pienso en mi vida, no puedo evitar pensar que había algún camino planeado para mí: tuve las oportunidades y sólo debía tomar las decisiones correctas.

"Digamos que fue una misión"

—Entonces, eras una persona tímida y, sin embargo, decidiste dedicar tu vida a hablar en público...

—No lo decidí —interrumpió Jane—. Me atrapó. Me arrastró en su camino.

—De acuerdo, te atrapó, pero tú estuviste de acuerdo. Te prestaste.

—No tuve alternativa.

—¿Oíste un llamado?

—No lo plantearía exactamente así. Sólo pensé: "Los chimpancés me han dado mucho, y ahora es mi turno de hacer algo por ellos". La gente dice que dejar Gombe debió de haber resultado una decisión muy difícil. Pero no fue así. Te lo he contado. Fue como san Pablo en el camino a Damasco; no pidió que le sucediera lo que le sucedió. No lo decidió, al menos según la historia que conocemos. Sólo ocurrió: pasó de perseguir a los primeros cristianos a tratar de convertir gente al cristianismo. Fue un enorme desafío, por eso es el mejor ejemplo que se me ocurre.

—Así que fue en el sentido de haber escuchado un llamado...

—No, digamos sencillamente que fue una misión —interrumpió Jane.

—De acuerdo, ¿entonces este sentido de estar en una misión eliminó todas tus dudas, o hubo algún momento en que pensaste: "No sé si puedo dar este discurso o esta charla a este primer ministro o director de empresa"?

—Sí, por supuesto que hubo momentos de ésos. Todavía los tengo. Recuerdo cuando me pidieron que asistiera a una de las primeras grandes conferencias de la ONU sobre el cambio climático. Eso me sacaba de mi zona de confort, que es hablar con una multitud de estudiantes o en un auditorio lleno de público. Mi amigo Jeff Horowitz, quien ha trabajado incansablemente para proteger los bosques y mitigar el calentamiento global, me pidió que me sentara en un panel con expertos sobre cambio climático, presidentes de grandes corporaciones y representantes de gobiernos. Le respondí que honestamente no podía hacerlo.

—¿Qué te hizo pensar que no podías hacerlo? —pregunté.

—Que no soy científica climática. Pero Jeff no aceptó mi negativa, y al final pensé: "Bueno, si Jeff cree en mí y siente que esto puede ayudar, voy a hacer lo mejor que pueda". Por supuesto, ahora sé que la gente quiere oír a alguien hablar con honestidad sobre lo que estamos haciendo mal, en particular si puede asegurar que existe una salida al lío que hemos causado. Quiere oír a la gente hablar desde el corazón. Quiere que le den razones para tener esperanza. Pero incluso sabiendo eso, me pongo nerviosa.

Resultaba sorprendente —y tal vez incluso alentador— escuchar cómo una de las conservacionistas más famosas del mundo expresaba sus dudas en sí misma. También pensé que si en efecto Jane había nacido por una razón, le había tocado un camino muy difícil, sembrado de grandes problemas. Pero empezaba a ver que una vez que ella se decide por una línea de acción, nada la detiene. Claramente, también tiene un espíritu indomable.

—Has enfrentado muchísimos obstáculos y los has superado —le dije—. Has dicho que eres terca y que nunca te das por vencida. Y está claro que tienes ciertos dones, sobre todo el de llegarle a la gente al corazón. ¿Qué más te ayudó a convertirte en mensajera de la esperanza?

—Sí, he tenido mucha suerte, porque siempre conté con gente que me apoyara. Jamás habría logrado las cosas que logré de haber estado sola. Al principio fue mi familia, claro, y en el camino de algún modo he logrado convencer a muchas personas de ayudar. Hay alguien que siempre me ha acompañado, alguien con quien puedo compartir la alegría, la tristeza y el enojo. Mary Lewis. Lleva treinta años trabajando conmigo. Y Anthony Collins me ha ayudado desde África durante otros tantos años, como sabio amigo y consejero. Pero adonde quiera que vaya, siempre hay alguien que me contiene, que me extiende una mano amable, que comparte conmigo una comida y una carcajada. Ah, ¡y whisky, desde luego! No podría haber hecho todo lo que hice sin ellos. Triunfamos juntos.

Pensé en nuestra última conversación, sobre la importancia del apoyo social durante los momentos difíciles.

—Otra cosa que me ha ayudado a enfrentar tantos desafíos apabullantes es el texto favorito de la Biblia de mi abuela: "Como tus días, serán tus fuerzas". Cuando no puedo dormir en la noche previa a dar una de esas conferencias, me lo repito en silencio. Me reconforta.

—¿Qué significa ese texto para ti?

—Que cuando llega la hora de la verdad te darán la fuerza para enfrentarla día a día. Muchas veces he pensado al inicio de un día horrible (cuando tengo que defender mi tesis de doctorado, dar una charla ante un público intimidante ¡o incluso ir al dentista!): "Muy bien, voy a superar esto porque tengo que hacerlo. Voy a encontrar la fuerza. Además, mañana a esta hora todo habrá terminado".

"Y hay otra cosa. Cuando me siento más desesperada: cuando estoy tan cansada, tan totalmente extenuada que creo que no hay forma de que dé una conferencia, de algún modo encuentro una fuerza secreta que me permite afrontar lo que se me exige.

Le pregunté de dónde proviene esa fuerza secreta y cómo la encontró.

—Le abro mi mente a algún tipo de fuerza externa —respondió Jane—. Me relajo y decido invocar la fuente de mi fuerza secreta, el poder espiritual que parece haberme puesto sobre este camino, y pienso algo así como: "A ver, ya me pusiste en esta situación horrible, así que cuento contigo para que me ayudes a salir". ¡Siento que en esas ocasiones es cuando doy mis mejores conferencias! Es muy extraño, pero una o dos veces es como si pudiera verme a mí misma desde fuera dando esas pláticas.

—Miraste hacia arriba —le dije— cuando hablaste sobre una fuerza externa.

—Bueno, no está aquí abajo —dijo Jane, señalando al piso y sonriendo.

—Entonces, ¿sólo vacías tu mente y de algún modo confías en que lo que sea ese poder espiritual, te guíe durante la charla? —pregunté—. ¿Y en cierto sentido te conviertes en un medio: te abres a una sabiduría más grande que la tuya?

—Sí, sí, sin duda. Hay una sabiduría que es mucho, mucho mayor que la mía. Me encantó enterarme de que el gran científico Albert Einstein, una de las mentes más brillantes del siglo XX, llegó a la misma conclusión con base exclusivamente en la ciencia. Dijo que era la armonía de la ley natural; de hecho, es una cita fantástica.

Estaba por responder, pero noté que Jane miraba hacia otro lado, con una expresión preocupada en el rostro.

—Doug, siento interrumpirte, pero veo al petirrojo en mi comedero de pájaros observarme por la ventana. ¡Se va a enojar si no lo alimento!

—¿Un comedero para pájaros? —pregunté.

—Es una pequeña plataforma fija al alféizar de la ventana de mi habitación del ático —explicó Jane, aún mirando a su izquierda.

"¿Por qué no ves si puedes googlear esta cita de Einstein mientras le doy de comer? Se encuentra en su libro *El mundo como yo lo veo.*

La busqué mientras Jane se ausentaba. Allí estaba, en el libro que indicó: "La armonía de la ley natural [...] revela una inteligencia tan superior que, comparada con ella, todo el pensamiento sistemático y las acciones de los seres vivos no son más que un reflejo insignificante".

Pensé sobre esta cita en el contexto de lo que habíamos conversado ese día, y se me ocurrió que, para haber seguido un extraordinario recorrido vital, Jane debió de haber experimentado muchas coincidencias afortunadas, o tal vez la guio esta inteligencia superior en la que creía Einstein. Cuando Jane regresó, le leí la cita completa y le pregunté:

—Entonces, ¿piensas que te guía esta inteligencia superior o crees que las coincidencias desempeñan algún papel en tu camino... en todos nuestros caminos?

¿Fue coincidencia?

—Ya no puedo creer en coincidencias. Ya no —exclamó Jane sin dudarlo.

—¿Por qué no?

—Pues porque una coincidencia implica que un evento aleatorio se yuxtaponga con algo que ocurre en tu vida, y no puedo creer que todas estas aparentes coincidencias en nuestras vidas sean aleatorias. Es más como si nos estuvieran ofreciendo oportunidades. He tenido muchas experiencias extrañas.

—¿Cómo cuáles?

—Una de ellas me salvó la vida. Fue durante la guerra. Mi mamá nos había llevado a mí y a Judy de vacaciones a un lugar muy cerca de casa, pero donde había una extensión de playa en la que podíamos chapotear, porque había un huequito en la valla de alambre de púas. Nos quedábamos en una pequeña casa de huéspedes; el almuerzo era a las doce, y si llegabas tarde, ni modo. Te quedabas sin comer. Un día, mamá insistió en que regresáramos haciendo un largo desvío por el que teníamos que cruzar algunas dunas y atravesar un pequeño bosque. Eso significaba, nos quejamos mi hermana y yo, que nos perderíamos el almuerzo. Pero ella se mostró inflexible, así que aceptamos de mala gana.

"Recuerdo claramente que cuando íbamos a medio camino miré hacia arriba, hacia el cielo azul intenso, y vi un avión muy, muy arriba. Mientras lo miraba cayeron de ambos lados del avión dos objetos negros con forma de cigarro. Mi mamá nos ordenó que nos tiráramos de inmediato a la arena y se echó sobre nosotras. Pronto escuchamos dos terribles explosiones. Fue aterrador. Después, vimos que una de las bombas había creado un gran cráter a la mitad del camino, justo donde nos habríamos encontrado de haber tomado el camino de los otros días.

"Así pues, ¿fue 'coincidencia' que mamá decidiera que fuéramos por ahí? Ella tenía un soplo en una válvula cardiaca, y siempre evitaba las caminatas largas.

—¿Te dijo qué la había llevado a elegir esa ruta? —le pregunté.

—No, no le gustaba hablar de eso. Pero era como si poseyera un sexto sentido. En otra ocasión, cruzó Londres durante el Blitz para sacar del hospital a su hermana Olly, que tenía ambas piernas enyesadas tras una operación. A mi mamá le costó un trabajo terrible llevarla de vuelta a Bournemouth a través de una Inglaterra devastada por la guerra. Todos creían que estaba loca. Al día siguiente, cayó una bomba sobre el hospital. O tal vez era un asilo. Ya no hay nadie a quién preguntarle.

—¿Puedes explicar este sexto sentido?

—La verdad es que no; siento que es una mente que se comunica con la mía. Tal vez mamá sintió la presencia de pilotos alemanes en ese bombardero, o tuvo una premonición sobre la bomba que podría haber matado a Olly. Y otra cosa: ella quería mucho al hermano de mi papá, y una tarde, aquí en Bournemouth, mientras tomaba un baño, gritó de pronto su nombre y se echó a llorar. Más tarde descubrió que fue en el momento exacto en el que murió al ser derribado su avión.

Me pregunté por qué a la madre de Jane no le gustaba hablar sobre su sexto sentido, y Jane explicó que le parecía algo espeluznante.

—Tengo otra historia sobre este tipo de coincidencias. Fue cuando Grub estaba en el internado en Inglaterra, la noche que murió mi esposo Derek, en la lejana Tanzania. Grub tuvo la misma clase de premonición. Lo alcanzó de una forma extraña: despertó súbitamente de un sueño en el que Olly llegaba a la escuela y le decía: "Grub, tengo algo muy triste que decirte. Derek murió anoche". Tuvo el mismo sueño tres veces, y a la tercera fue a ver a la enfermera de la escuela para decirle que estaba sufriendo terribles pesadillas. En la mañana, Olly llegó a la escuela, lo llevó al jardín y le dijo: "Grub, tengo algo muy triste que decirte". Grub respondió: "Lo sé, Derek está muerto".

Al pensar en estas historias, noté que habíamos salido de la esfera de la ciencia, pero seguía intrigado.

—Quiero contarte sobre otra "coincidencia" que marcó una diferencia en mi vida. Una vez había un asiento vacío en un vuelo de Swissair de Zúrich a

Londres. Yo tendría que haber salido en un vuelo posterior, pero mi avión de Tanzania había llegado temprano e hice el cambio a ese vuelo. El único asiento vacío en todo el avión era el que estaba junto a mí. El hombre que se sentó allí llegó justo antes de que se cerraran las puertas. Me explicó que tendría que haber estado en un vuelo más temprano, pero su vuelo de conexión había llegado tarde. Se veía ocupado, así que no le dije nada, salvo por un amable saludo; fue hasta que terminamos de cenar, cuando comencé a conversar con él. Yo iba en camino (todavía con muy poca experiencia y bastante miedo) a una entrevista en televisión con el director de una poderosa empresa farmacéutica, Immuno, que estaba usando chimpancés para la investigación sobre el VIH en su laboratorio en Austria. Habían interpuesto setenta y un demandas contra las setenta y un personas o grupos que los habían denunciado por las condiciones de su laboratorio. Esto era en 1987, y yo estaba lo suficientemente loca, o era lo bastante estúpida, para acceder a esta confrontación televisada. Muy bien, pues resulta que mi compañero de asiento era Karsten Schmidt, que era (creo) el presidente de Baker and McKenzie.* Me dijo que no me preocupara: si me demandaban, ¡ellos tomarían mi caso pro bono! Más tarde, Karsten se integró al consejo del Instituto Jane Goodall en Reino Unido, escribió los estatutos y fue su presidente por muchos años. ¿Fue una coincidencia la que nos sentó juntos en los últimos asientos de ese avión en el que *ninguno de los dos* debió haber estado? Si yo no hubiera iniciado la conversación, se habría perdido esta oportunidad.

—¿Siempre estás en busca de oportunidades?

—Sí, incluso cuando estoy cansada siempre me pregunto si puede haber alguna razón por la que estoy sentada junto a una persona concreta en un avión. O en una conferencia. Como sea, vale la pena hacer un pequeño esfuerzo, por si acaso. Así he conocido a varias personas interesantes, algunas de las cuales se han vuelto amigos y colaboradores.

* Un importante despacho de abogados con decenas de oficinas por todo el mundo.

—Entonces, ¿crees que conoces a la gente por alguna razón?

—La verdad, no lo sé. Pero me encanta cómo terminan resultando las cosas. Piensa en todos los acontecimientos y encuentros que conducen al nacimiento de cada individuo. Piensa en Churchill. Todos empezamos en un brumoso pasado, cuando un hombre concreto conoció a una mujer concreta, se casaron, tuvieron un hijo o una hija, y él o ella conoció a un hombre o a una mujer, y tuvieron a un hijo. Y sigue así hasta que todos esos encuentros y parejas producen un Churchill.

—O un Hitler —apunté, algo escéptico ante estas ideas sobre el destino. Se lo dije a Jane.

—Pero yo no creo en el destino. Creo en el libre albedrío —rebatió Jane—. Shakespeare lo dijo de forma espléndida: "La culpa, querido Brutus, no es de nuestras estrellas, sino de nosotros mismos, que consentimos en ser inferiores". Creo que las oportunidades se presentan y tú puedes aprovecharlas, rechazarlas o sencillamente no verlas. Si la gente hubiera tomado decisiones distintas a lo largo de los siglos, no habrían existido ni Churchill ni Hitler.

—Ni tú ni yo —añadí.

Hice una pausa para pensarlo. Me hizo sentir parte de un largo linaje de amor y desamor, añoranza y sufrimiento, lo cual puso mis propias penas en perspectiva. Me hizo sentir que no estoy solo, y que no vivo sólo para mí. Soy parte de algo más grande que yo, pero no sé si todo está saliendo según el plan.

—Me da la impresión de que tu fe en lo que llamas "un gran poder espiritual" es la fuerza de tu increíble energía y tu determinación —aventuré—. ¿Cómo reconciliar tu orientación espiritual con tu mente científica?

Evolución espiritual

—Cuando hablas de espiritualidad, mucha gente se siente incómoda o se desanima por completo. Piensan que se trata de alguna cursilería hippie, como abrazar árboles. Y sin embargo, cada vez más personas estamos llegando a la conclusión de que nos hemos vuelto muy materialistas y que debemos reconectarnos espiritualmente con el mundo natural. Yo también lo siento; creo que hay una añoranza por algo más allá del consumismo ciego. En cierto sentido, nuestra desconexión de la naturaleza es muy peligrosa. Creemos que podemos controlar a la naturaleza, pero olvidamos que en última instancia es ella la que nos controla a nosotros.

De pronto, Jane se dio cuenta de que eran las 12:30 p.m., la hora de sacar a su perro, un viejo galgo inglés de nombre Bean, a su paseo de mediodía.

—Por supuesto, tiene acceso al jardín —dijo Jane—, pero es una criatura de costumbres. No me voy a tardar, pero también tengo que pasar por una galleta y un café. Dame un descanso de media hora.

Me pareció excelente idea; así me daba tiempo de comer algo, ordenar mis pensamientos y preparar las últimas preguntas.

Jane fue fiel a su palabra y reapareció en la pantalla exactamente media hora después. Para reanudar la conversación, le dije que quería volver al tema de nuestro desarrollo moral y espiritual.

Jane retomó inmediatamente el hilo de nuestro último intercambio.

—Bien, como especie estamos en camino de la evolución moral, de la discusión sobre el bien y el mal, sobre cómo debemos comportarnos como individuos hacia los otros y en sociedad, y sobre nuestros esfuerzos por construir formas de gobierno democráticas. Y algunas personas también se encuentran en camino de la evolución espiritual.

—¿Cuál es la diferencia entre la evolución moral y la espiritual? —pregunté.

—Creo que la evolución moral se trata de entender cómo debemos comportarnos, cómo debemos tratar a los demás, de entender la justicia, la necesidad de una sociedad más igualitaria. La evolución espiritual tiene más que ver con meditar sobre el misterio de la creación y el Creador, con preguntarnos quiénes somos y por qué estamos aquí, y entender que somos parte de este sorprendente mundo natural. Shakespeare, una vez más, lo dijo de una manera maravillosa cuando habló de ver "libros en los arroyos, sermones en las piedras y el bien en todas las cosas". Es lo que siento cuando miro, absorta y llena de maravilla y asombro, una puesta de sol gloriosa, o cuando el sol brilla a través del dosel de la selva mientras se escucha el canto de los pájaros, o cuando me acuesto de espaldas en algún lugar tranquilo y miro fijamente hacia el cielo, donde las estrellas van apareciendo poco a poco detrás de la luz del día que se disipa.

Sentí cómo Jane se perdía en la belleza de las experiencias que describía. Cuando volvió a mirarme, le pregunté si alguna vez pensó si los chimpancés experimentaban sentimientos parecidos.

—Cuando la comida es abundante y los chimpancés están bien alimentados y contentos, sin duda tienen tiempo para pensar. Cuando los veo otear hacia arriba a través del dosel, o descansar cómodamente en el nido que construyeron para esa noche, siempre me pregunto qué están pensando ahora que son libres, por un momento, de la necesidad de pensar en dónde obtendrán su siguiente comida. Y sí creo que es posible que tengan una sensación parecida de maravilla o asombro. Si es cierto, podría ser un tipo de espiritualidad muy pura, o al menos un precursor del tipo de espiritualidad de la que estamos hablando, que no necesita palabras.

"En Gombe hay unas bellísimas cascadas, las cascadas de Kakombe, donde el pequeño riachuelo se precipita desde veinticinco metros de altura, por un surco vertical desgastado por la caída del agua, que desciende sobre las duras rocas grises del acantilado. Se escucha el rugir de las cataratas que caen sobre el profundo lecho rocoso del río, la brisa constante provocada por el aire que es desplazado por el agua en su bajada. A veces, un grupo de chimpancés se acerca a las cataratas, con el pelo erizado de emoción, y realizan un maravilloso despliegue, durante el cual se paran en dos patas y se balancean de una a otra, se agachan para recoger rocas y lanzarlas hacia el riachuelo, trepan las lianas que crecen en las rocas y ofrecen resistencia con su cuerpo a la brisa cargada de rocío. Tras este despliegue, que dura al menos diez minutos, en ocasiones se

Cascadas de Kakombe (Instituto Jane Goodall / Chase Pickering).

sientan a observar el agua que cae y fluye junto a ellos. ¿Tal vez experimentan entonces una emoción de maravilla y asombro similar a la que yo siento cuando estoy junto a esas cataratas espectaculares, escuchando el retumbar del agua que se estrella contra el lecho del río?

"Esto siempre me hace apreciar la importancia de nuestro lenguaje hablado —prosiguió Jane—. Si los chimpancés en verdad poseen este sentido del asombro y si pudieran compartirlo con los demás mediante palabras... ¿te imaginas la diferencia que habría? Podrían preguntarse unos a otros: '¿Qué es esta cosa maravillosa que parece tener vida, que siempre viene, siempre se va, siempre está aquí?'. ¿No crees que estas preguntas pudieron haber conducido a las religiones animistas, a la veneración de las cataratas, el arcoíris, la Luna, las estrellas?

—Entonces crees que las religiones formales pudieron haber surgido a partir de estas religiones animistas —dije.

—No puedo responder eso, Doug. Tendría que ser una especialista en religión, ¿no crees?

—Pero crees en un poder espiritual, un Creador (Dios), y que viniste a este mundo por una razón.

—Pues sí, parece que sí. En realidad, sólo hay dos maneras de pensar sobre nuestra existencia en la Tierra. O concuerdas con Macbeth en que la vida no es más que "un cuento contado por un idiota, lleno de ruido y de furia, que no tiene ningún sentido", un sentir repetido por algún cínico que dijo que la existencia humana no es más que una "pifia evolutiva". O concuerdas con Pierre Theilard de Chardin, que dijo que somos "seres espirituales viviendo una experiencia humana".

Aunque suelo pensar en mí como laico y no necesariamente creyente de ninguna religión particular, me conmovió y me inspiró lo que dijo Jane, y me sentí intrigado por explorar las ideas espirituales de una científica. Ver morir a mi padre hizo que surgieran preguntas que quería tratar de responder. Así que le insistí a Jane para que me revelara más sobre sus creencias.

—Bueno, no trato de persuadir a nadie para que crea, como yo, que hay una Inteligencia tras la creación del universo, una fuerza espiritual "en la que vivimos, y nos movemos, y somos", como dice la Biblia. No puedo explicarte por qué lo creo; sólo lo creo. Y esto es lo que en verdad me da el valor de seguir. Pero hay muchas personas que viven vidas éticas, que se esfuerzan por ayudar a otros y que no son ni religiosas ni espirituales. Yo sólo hablo sobre mis propias creencias.

Jane me contó que muchos científicos, como Einstein, han llegado a la conclusión de que existe una "Inteligencia" tras nuestro universo. Dijo que ha habido más que se han declarado agnósticos que ateos. Francis Collins, director de los Institutos Nacionales de Salud, que dirigió el equipo que trabajó en la decodificación del genoma humano, comenzó este proyecto como agnóstico pero se sintió llevado a creer en Dios por la sorprendente complejidad de la información que se envía a cada célula de un embrión humano. La información que la instruye para desarrollarse como parte de un cerebro, pie o riñón.

Discutimos sobre este tema por un rato, y Jane me confió que agradece esta convergencia de ciencia, religión y espiritualidad.

—¿Sabes, Doug? Creo que para algunas personas su religión es su única esperanza. Imagina que perdiste a toda tu familia en la guerra o en algún otro desastre. Que estás desamparado. Que llegas a un país extranjero que accede a alojarte. No conoces a nadie. No hablas el idioma. Creo que lo que ayuda a estas personas es su fe. Es una firme fe en Dios (o Alá, o el nombre que quieran usar) lo que les da la fuerza para seguir adelante. Mi sabia madre me dijo que como yo había nacido en una familia cristiana, nosotros hablábamos de Dios, pero que si hubiéramos sido una familia musulmana adoraríamos a Alá.

"Dijo que sólo podía haber un ser supremo, 'el Creador del cielo y de la Tierra', y que no importaba qué nombre se usara.

—Entonces, ¿crees que existe el cielo?

Jane rio.

—Pues supongo que depende de cómo definas "cielo". No creo que haya ángeles tocando arpas y esas cosas, pero estoy convencida de que hay algo. Seguro que volveremos a ver a las personas que amamos, ¡incluyendo a los animales! También creo que seremos capaces de entender los misterios, porque seremos *parte de ellos*, parte del gran esquema de las cosas, pero de una forma integrada. Cuando estoy sola en la naturaleza, a veces experimento estados casi místicos de conciencia que prefiguran el tipo de cielo que me gusta imaginar.

No me imaginaba que esta pregunta sobre el cielo suscitaría un último tema en nuestro diálogo, tan profundamente misterioso como esperanzador, sobre todo en ese momento en el que me encontraba en duelo por mi padre.

Había notado que Jane a veces deja ver una sonrisa ligeramente traviesa y cómplice, como si tuviera un secreto. Ésa era la sonrisa que veía ahora en su rostro.

La siguiente gran aventura de Jane

—El año pasado, cuando llegó el turno de las preguntas al final de una de mis conferencias, una mujer inquirió: "¿Cuál crees que sea tu siguiente gran aventura?". Lo pensé por un momento y súbitamente supe cuál podría ser: "Morir", respondí.

"Hubo un silencio *de muerte* y unas cuantas risitas nerviosas. Entonces dije: 'Bueno, cuando mueres o no hay nada, en cuyo caso está bien, o hay algo. Si hay algo, que es lo que creo, ¿qué mayor aventura que descubrir lo que es?'.

"Más tarde esa misma mujer se me acercó y me dijo: 'Nunca en la vida había querido pensar sobre la muerte, pero gracias a ti ahora puedo verla bajo otra luz'. Desde entonces he mencionado este tema en diversas conferencias, y siempre hay una reacción muy positiva. Por cierto, siempre dejo perfectamente claro que ésta es sólo la forma en la que yo pienso sobre la muerte, y que no espero que todos crean lo mismo que yo.

Pensé en la enfermedad de mi padre y en el proceso de la muerte, que fue brutal cuando el cáncer se extendió hasta su columna vertebral y su cerebro.

—Entonces, ¿crees que lo que la gente teme es la enfermedad (el proceso de morir) más que la muerte en sí? —le pregunté.

—Oh, sí —respondió Jane—. Lo que tememos es preocuparnos sobre qué nos causará la muerte: una horrible enfermedad o la demencia, o estar postrados y depender de otras personas. Pero la muerte misma es algo totalmente distinto. Mi abuela Danny, a sus noventa y siete años de edad, se quedó más o menos confinada en cama tras sufrir una neumonía bronquial. Una noche, mi mamá le subió una taza de té antes de dormir y la encontró leyendo las cartas de su difunto esposo (ella siempre lo llamaba Boxer), que llevaba cincuenta años muerto. Danny sonrió y le dijo: "Creo que deberías escribir mi obituario esta noche, querida". A la mañana siguiente, cuando mamá entró a su cuarto, Danny yacía pacíficamente en la cama. Muerta. En su pecho descansaban todas las cartas de Boxer, atadas con un listón rojo, y con una nota: "Por favor, envíenlas conmigo en mi último viaje".

Nos quedamos en silencio por un momento, y pude ver que Jane tenía lágrimas en los ojos.

—Jane —continué amablemente, aún deseoso de explorar la muerte y la aventura que la espera—, ¿esto quiere decir que crees en la reencarnación?

—Muchas religiones diferentes creen en ella —dijo Jane pensativa—. Los budistas creen que podemos reencarnar como animales; depende en qué punto de nuestro camino a la iluminación nos encontremos. Y, por supuesto, tanto el hinduismo como el budismo creen en el karma: si tienes mala suerte es porque estás pagando por los pecados que cometiste en una vida pasada.

"Honestamente, no lo sé, pero de algún modo siento que si en verdad *tenemos* una razón para estar en este planeta, es claro que no nos darían una única oportunidad. Cuando piensas en la eternidad y en nuestras cortísimas vidas, ¡sería terriblemente injusto! ¿Y sabes? —dijo, sonriente—, a veces pienso que lo que está ocurriendo en el mundo sólo es una prueba. Imagina que llegas a las puertas del cielo ¡y san Pedro saca una hoja impresa que dice lo que hicimos con nuestro tiempo en la tierra y revisa si usamos los dones que nos dieron al nacer para hacer el bien! —rio.

Me hizo gracia la imagen de san Pedro como el evaluador que determina cómo nos fue en nuestro experimento terrestre. Pensé en lo que decía mi padre, sobre que la vida es un currículum, y también recordé la famosa historia judía sobre el rabino Zusha, que lloraba en su lecho de muerte. Cuando le preguntaron por qué lloraba, respondió: "Sé que Dios no me va a preguntar por qué no fui más como Moisés o como el rey David. Me va a preguntar por qué no fui más como Zusha. ¿Y qué le voy a decir?". Me encanta esta historia, porque es un recordatorio de que todos nuestros currículums son únicos, y cada quien está destinado a hacer su parte a su manera. Me quedaba claro que Jane había pensado mucho sobre estos asuntos, y obviamente no creía que la muerte fuera el fin.

—¿Sabes? Antes de que mi padre muriera, me agradeció que lo hubiera acompañado en lo que llamó "su gran viaje hacia la muerte" —dije—. Como tú, definitivamente sentía que las cosas no acababan allí. Le conté a Jane que mi hijo y yo hablábamos por FaceTime con mi papá en su cama de hospital cuando no podíamos estar con él. Jesse dijo que extrañaría esas conversaciones. Mi papá le respondió que no se preocupara, que cuando se fuera podríamos hablar por SpaceTime.*

Jane se rio del juego de palabras.

—Allí está ese sentido del humor, tan importante en temporadas de estrés —apuntó.

—¿Qué les dices a las personas que creen que la muerte es el fin?

—Pues para empezar, como te dije, nunca trato de imponerles mis creencias a otras personas. Pero les cuento algunas historias increíbles sobre experiencias cercanas a la muerte. Elisabeth Kübler-Ross, quien investigó tanto sobre este tema, escribió sobre una mujer que fue declarada con muerte cerebral en la mesa de operaciones antes de ser resucitada. Cuando volvió en sí, habló sobre los movimientos de personas que no podría haber visto desde su posición en la mesa de operaciones. Describió cómo se veía desde arriba mientras flotaba por todo el cuarto.

Le conté a Jane sobre Bruce Greyson, quien lleva cuarenta años estudiando a personas que han tenido experiencias cercanas a la muerte y narra algunas historias muy interesantes sobre personas que murieron y cuya conciencia pareció haber continuado de algún modo, esa conciencia que parece no estar limitada a nuestro cerebro.

—Una vez, cuando él era un joven residente de medicina, estaba en la cafetería y se derramó salsa de espagueti sobre la corbata —narré—. Justo después tuvo que ir a atender a una joven estudiante universitaria que había sido

* Juego de palabras entre FaceTime, el nombre de la app de comunicación, y SpaceTime, que significa espacio-tiempo.

llevada al hospital inconsciente por una sobredosis de drogas, y como no tuvo tiempo de cambiarse la corbata, se abotonó la bata blanca para cubrir la mancha. Curiosamente, cuando la paciente recobró la conciencia, le dijo que lo había visto en la cafetería y describió la mancha de su corbata. Sin embargo, todo el tiempo que él estuvo en la cafetería, ella había permanecido inconsciente en su cama, observada por una cuidadora.

"Después de eso, estudió a muchas personas que durante una experiencia cercana a la muerte habían visto y descubierto cosas que no deberían haber podido saber, como conocer parientes que no sabían que tenían. Cuenta que tras sus experiencias, estas personas creían casi sin excepción que la muerte es una experiencia que no debe ser temida, y que la vida continúa de alguna manera más allá de la tumba. También transformó cómo viven sus vidas, porque creen que existe un sentido y un propósito en el universo.

Le expliqué a Jane que lo que ella acababa de decir en broma —que la vida tal vez era una prueba—, para Greyson era verdad.

—Él contó que muchas de las personas con las que ha hablado experimentaron una especie de revisión final en la que literalmente ven su vida pasar frente a sus ojos —dije—, y que esto les ayuda a entender por qué sucedieron ciertas cosas. Muchas veces pueden observar los conflictos desde la perspectiva de otras personas, o entender qué las llevó a actuar como lo hicieron. Habló sobre un conductor de camión que le había dado una paliza a un borracho que lo insultó. Cuando tuvo su experiencia cercana a la muerte, pudo ver que el hombre ebrio acababa de perder a su esposa. Devastado, se había dejado llevar por la bebida, y ésa era la razón por la que había actuado en forma abusiva.

—Es totalmente fascinante, ¿verdad? —exclamó Jane, con los ojos brillantes por la curiosidad, una naturalista ansiosa de internarse en terreno inexplorado—. Pero desafortunadamente, esta aventura tendrá que esperar a que muera.

"Sin embargo, sí tengo una especie de prueba —añadió—, aunque no es una prueba en un sentido científico; sólo es una experiencia que sirve de prueba para mí, y no me importa si los demás no creen en ella. Ocurrió alrededor de tres semanas después de que murió Derek, cuando yo estaba de regreso en Gombe, donde Derek, Grub y yo fuimos tan felices. Finalmente había podido dormirme, arrullada por las olas y los grillos. Y entonces desperté, o al menos creo que desperté, y vi a Derek allí parado. Él sonrió y me habló por lo que me pareció un largo tiempo. Luego desapareció, y sentí que tenía que escribir rápidamente lo que había dicho, pero mientras lo pensaba sentí un estruendoso rugido en mi cabeza, como si estuviera desmayándome. Salí de este estado, y otra vez sentí que debía escribir lo que había escuchado, pero una vez más se apoderó de mí ese rugido y esa sensación de desmayo. Y cuando se detuvo, no pude recordar una sola palabra de lo que había dicho Derek. Fue muy extraño. Estaba desesperada por recordarlo, porque me dijo toda clase de cosas que estaba segura de que tenía que saber, supongo, sobre lo que le ocurrió. Como sea, me quedé con la sensación pacífica de que él se encontraba en un lugar maravilloso.

Me contó que una vez conoció a una señora que tuvo la misma experiencia y que le dijo: "Hagas lo que hagas, si vuelve a pasar, no intentes pararte de la cama. Cuando mi esposo me visitó después de su muerte, también estaba desesperada por escribir lo que dijo, y me levanté para ir por una pluma. Tuve la misma sensación rugiente que describes, y en la mañana me encontraron en coma".

Le pregunté a Jane qué creía que pasaba.

—No lo sé, pero esta persona me dijo que creía que la gente que se muere está en un plano distinto, y si los oímos significa que entramos a esa esfera. Y que toma tiempo regresar a la Tierra tras una experiencia como ésta.

"Lo raro es que después de mi experiencia con Derek, tuve la sensación de que si veía con cuidado las cosas que él amaba (el océano, las tormentas, el vuelo de los pájaros), y si en verdad *las sentía,* él podría compartirlas, que de algún modo ahora que estaba en otro lugar (o "plano", como dijo la señora), sólo podía enterarse de las cosas que pasaban en la Tierra a través de los ojos de un humano. Fue una época muy intensa.

Jane me contó que no suele hablar de todo esto; fue muy extraño, pero al mismo tiempo muy real.

—Jane, una última pregunta: ¿por qué crees que tantas personas dicen que les das esperanza? —pensé en mi viejo amigo de la universidad que se había suicidado, y en todas las personas que sufren y batallan contra la desesperanza.

—La verdad es que no lo sé; ojalá lo supiera. Tal vez es porque la gente nota que soy sincera. No tengo el menor reparo en discutir sobre los temas más sombríos, porque la gente necesita conocerlos. Pero luego, cuando expongo mis razones para la esperanza, como lo he hecho en este libro, reciben el mensaje y se dan cuenta de que sí podríamos hacer mejor las cosas si trabajáramos juntos a tiempo. Una vez que entienden que sus vidas pueden marcar la diferencia, adquieren un propósito. Y como dijimos, el sentido de propósito lo es todo.

—Supongo que es hora de ponerle fin a nuestra conversación sobre la esperanza y despedirnos, al menos por ahora —dije—. Gracias, Jane, esta exploración de la esperanza ha sido maravillosa.

—Siempre disfruto hablar contigo —dijo—. Me gusta que me hagan ejercitar el cerebro.

—Tú has ejercitado mi cerebro, abierto mi corazón y renovado mis esperanzas —contesté.

—Un momento —dijo Jane, y llevó la laptop hacia la ventana—. Hay otro ser que quiero que conozcas, un viejo amigo que ha estado conmigo desde que vine a los Abedules, cuando tenía cinco años. Allí está, ¿puedes verlo?

Y allí estaba: Haya, el árbol que le había sido heredado legalmente en el testamento escrito a mano que Jane hizo firmar a su abuela. Era el ocaso y pude entrever en el jardín la oscura silueta del árbol. Me pareció muy apropiado que cerráramos con un haya, un árbol que ha prosperado desde la última glaciación y se considera la reina de los árboles ingleses.

—Sé que no puedes verlo bien en la oscuridad —dijo Jane—, pero déjame describírtelo. Su corteza es lisa y gris, y hace poco sus hojas verdes se pintaron de un amarillo y naranja otoñal. Y ahora empiezan a caer.

En Haya, uno de mis mejores amigos de la infancia (Instituto Jane Goodall / Cortesía de la familia Goodall).

"Aún está de pie —añadió Jane—, mucho más alto que cuando era niña. Ahora no puedo treparlo, pero me siento bajo él con un sándwich a la hora del almuerzo.

—Tal vez algún día, cuando hayamos dejado atrás esta pandemia, pueda acompañarte a comer un sándwich bajo el árbol de haya —dije.

—La esperanza es lo último que muere.

—Bueno, creo que ésa es la forma perfecta de cerrar nuestra conversación —concluí.

Una vez que nos dijimos adiós con la mano y cerré mi laptop, pensé en Jane, al otro lado del mundo. Su trabajo había terminado por el día de hoy, pero sabía que pronto comenzaría de nuevo: Zooms y Skypes, nuevas formas de llevar su mensaje de esperanza alrededor de un mundo que lo necesita desesperadamente. "Buena suerte, Jane", dije para mis adentros. Y sentí cómo nacía en mí otra esperanza, la de que tenga la fuerza para seguir por muchos años. También sabía que llegaría el día en el que comenzará su próxima gran aventura, con los binoculares y la libreta listos. Y que el indomable espíritu humano que habita en todos nosotros terminará la labor que ella no pueda completar.

Conclusión: un mensaje de esperanza de Jane

Éste es mi "estudio", bajo los aleros de nuestra casa familiar, los Abedules, donde he estado "castigada" durante la pandemia. También es mi dormitorio (Ray Clark).

Querido lector:

Te escribo desde mi casa en Bournemouth durante una mañana de febrero muy fría y ventosa. Da la casualidad de que es el inicio del Año Nuevo Lunar, y he estado recibiendo mensajes de mis amigos chinos, todos rebosantes de esperanza de que sea un mejor año que el pasado. Doug y yo comenzamos esta conversación hace un año y medio, en mi casa en Tanzania. Y vaya época que ha sido. Primero, Doug nunca llegó a Gombe porque tuvo que volver corriendo a Estados Unidos para estar con su padre enfermo. Nuestra segunda conversación salió como lo planeamos, en los Países Bajos. Pero la tercera, que habría tenido lugar aquí en Bournemouth para que Doug pudiera ver dónde crecí, se vio pospuesta y luego cancelada a causa de la pandemia. Una pandemia que aún está sembrando el caos por todo el mundo.

Lo trágico es que las personas que estudian enfermedades zoonóticas llevan años prediciendo que ocurriría una pandemia como ésta. Aproximadamente setenta y cinco por ciento de las enfermedades humanas nuevas surgen a raíz de nuestra interacción con animales. Es muy probable que la COVID-19 sea una de ellas. Comienzan cuando un patógeno, como una bacteria o un virus, pasa de un animal a una persona y se adhiere a una célula humana.

Esto puede conducir a una nueva enfermedad. Desafortunadamente para nosotros, la COVID-19 es muy contagiosa y se dispersa con rapidez, así que pronto afectó a casi todos los países del mundo.

Ojalá hubiésemos escuchado a los científicos que estudian enfermedades zoonóticas, que llevan muchísimo tiempo advirtiéndonos de que una pandemia como ésta era inevitable si seguíamos faltándoles al respeto a la naturaleza y a los animales. Pero sus advertencias cayeron en oídos sordos. No escuchamos y ahora estamos pagando un precio terrible.

Al destruir hábitats, hemos obligado a los animales a entrar en contacto más estrecho con las personas, creando así situaciones propicias para que los patógenos produzcan nuevas enfermedades humanas. Y conforme nuestras poblaciones crecen, la gente y sus animales domésticos penetran cada vez más profundamente en las áreas silvestres que quedan, ocupando más espacio para expandir sus aldeas y sus cultivos. Y también cazan, matan y comen animales. Trafican con ellos o con sus partes —y de paso con sus patógenos— por todo el mundo. Los venden en mercados de vida silvestre como alimento, ropa, medicina o para el tráfico de mascotas exóticas. En casi todos estos mercados, las condiciones no sólo son espantosamente crueles, sino también extremadamente poco higiénicas: por doquier hay sangre, orina y heces de los animales estresados. Es la oportunidad perfecta para que un virus salte hacia un humano, y se cree que esta pandemia, como la del SARS, surgió en un mercado de animales silvestre en China. El VIH-1 y el VIH-2 se originaron en chimpancés vendidos como carne de caza en mercados de animales silvestres en África Central. El ébola posiblemente comenzó al comer carne de gorila.

Las horribles condiciones en las que se crían miles de millones de animales domésticos por su carne, leche y huevos también han llevado a la aparición de nuevas enfermedades, como la contagiosa gripe porcina que surgió en una granja industrial en México, y otras no infecciosas, como la *E. coli,* el *Staphilococcus aureus* y la salmonela. Y no olvido que todos los animales de los que he hablado son individuos con sus propias personalidades. Muchos —en particular los cerdos— son muy inteligentes y experimentan el miedo, la infelicidad y el dolor.

Pero es importante compartir las buenas noticias, las cosas positivas. Durante los varios periodos de cuarentena en todo el mundo, en los que se ha reducido el tráfico y se han detenido las fábricas, la emisión de gases provenientes de combustibles fósiles se redujo de manera notable. Algunas personas de las grandes ciudades tuvieron el lujo, tal vez por primera vez en su vida, de respirar aire limpio y de ver cómo brillan las estrellas en el cielo nocturno. Muchas personas compartieron su deleite al escuchar el canto de las aves cuando bajó el nivel de ruido. En las calles de pueblos y ciudades aparecieron animales silvestres. Y aunque estas cosas fueron temporales, ayudaron a que más personas entendieran cómo podría —y debería— ser el mundo.

La pandemia también ha producido muchos héroes, como los médicos, enfermeras y trabajadores de la salud que arriesgan —y con demasiada frecuencia pierden— la vida en su lucha incesante por ayudar a otros. En muchos lugares emergió un espíritu comunitario: la gente se ayudó entre sí. En una ciudad de Italia, la gente cantaba arias de ópera de balcón a balcón para subirse el ánimo. Me gustó particularmente cuando una orquesta famosa interpretó un concierto para un público compuesto de plantas, todas en su propia maceta, transportadas desde unos jardines botánicos cercanos y ubicadas en cada asiento. El momento culminante fue cuando los músicos se pusieron de pie y con gran dignidad y respeto le hicieron una reverencia a su público hortícola. Otra historia es la de los pingüinos de un zoológico a los que les permitieron pasearse libremente por una galería de arte.

El intelecto humano también ha estado ocupado desarrollando nuevas formas de conectar virtualmente a las personas. El Instituto Jane Goodall celebró su primer encuentro global virtual —no pensé que fuera a funcionar, pero aunque extrañamos vernos las caras, la diversión, los abrazos y simplemente estar juntos, las cosas salieron muy bien— y ahorramos un montón de dinero. Hoy en día, es normal tener conferencias y reuniones de negocios por Zoom o alguna otra de las increíbles tecnologías que abundan. Todo esto es un gran ejemplo de nuestra adaptabilidad y creatividad.

Por supuesto, esto tiene a las aerolíneas y a los hoteles en una situación desesperada, y en algunos países ha aumentado la caza furtiva, por la falta de turistas para mantener la industria turística y la falta de financiamiento para pagarles a los guardaparques que vigilan las reservas naturales. Todo apunta hacia la importancia de usar nuestra creatividad, nuestros astutos cerebros, nuestra empatía y nuestra compasión para crear un mundo más sustentable y más ético en el que cualquiera pueda vivir decentemente y, al mismo tiempo, existir en armonía con la naturaleza.

De hecho, hoy muchas más personas entienden esta necesidad de tener una relación distinta, más respetuosa, con los animales y el mundo natural, y una nueva economía verde más sustentable. Y hay señales de que comienza a hacerse realidad. Las empresas comienzan a pensar sobre formas más éticas de obtener sus materiales, y los consumidores se preocupan más por sus huellas ecológicas. China ha prohibido comer animales silvestres, y existe la esperanza de que el uso de partes de estos animales para uso médico también llegue a su fin. El gobierno ya ha eliminado las escamas de pangolín de la lista de ingredientes aprobados para la medicina tradicional china. Y se está haciendo un enorme esfuerzo internacional para acabar con el tráfico ilegal de animales y plantas silvestres. Pero por supuesto aún nos falta un largo camino.

Lo que es más: hay muchas campañas en varios países que instan a los gobiernos a eliminar gradualmente las granjas industriales. Cada vez se consume menos carne, y más personas optan por una dieta basada en productos de origen vegetal.

He estado castigada aquí en Bournemouth desde marzo del año pasado, en compañía de mi hermana Judy, su hija Pip y sus nietos Alex y Nickolai, de veintidós y veinte años de edad. La mayor parte del tiempo lo paso en mi pequeño dormitorio-oficina-estudio, bajo los aleros. Desde aquí tuve esa última conversación por Zoom con Doug.

Al principio, me sentía frustrada y furiosa. Fue terrible tener que cancelar mis pláticas y decepcionar a la gente. Pero pronto entendí que debía enfrentar lo inevitable y decidí, con ayuda de un pequeño equipo del Instituto Jane Goodall, crear una Jane Virtual. Muchas personas me han escrito para expresar la esperanza de que esta estadía obligada en casa me permita descansar y me dé tiempo para meditar y reunir nuevas energías. De hecho, como le dije a Doug, nunca he estado más ocupada ni más cansada en toda mi vida. Mando mensajes de video a todo el mundo, participo en conferencias vía Zoom o Skype o webinar o cualquier otra tecnología, respondo entrevistas, aparezco en podcasts y estoy desarrollando mi propio Hopecast.*

* Juego de palabras con *hope*, "esperanza".

Pip, Judy y yo con Haya en el jardín primaveral en los Abedules (Tom Gozney).

Planear y dictar conferencias virtuales es lo más difícil; para inspirar a un auditorio invisible del que no recibes ninguna retroalimentación entusiasta, hay que encontrar la energía correcta, porque en realidad le hablas a la pequeña luz verde de la cámara de la laptop. Y es muy difícil hablarle a la gente que está allí en la pantalla y obligarte a no verlos a ellos, sino a la luz verde para que parezca ¡que los estás viendo a la cara!

Por supuesto, también extraño muchísimo estar con mis amigos porque, cuando iba de gira, entre las charlas y las conferencias de prensa y los encuentros de alto nivel, nos reuníamos en las tardes para comer platillos indios, para llevar y beber vino tinto, ¡y whisky, desde luego! Y también tenía la oportunidad de visitar lugares asombrosos y conocer gente inspiradora. En cambio, la

Jane Virtual no tiene descansos en su calendario implacable: sólo, día tras día, ver la pantalla de la computadora y hablarle al ciberespacio.

Pero todo esto tiene su lado positivo. He podido comunicarme con literalmente millones de personas en más lugares del mundo de lo que podría haberlo hecho con mi itinerario regular.

Durante mi última conversación con Doug por Zoom, le di un tour por mi cuarto y le mostré muchas fotografías y otros recuerdos de mis viajes. Pero hay muchos más en casi todas las habitaciones de la casa. Estoy rodeada de remembranzas de las distintas etapas de mi vida. Esta amada casa, construida en 1872, funciona como un recordatorio constante de mi travesía, la gente y las cosas que me hicieron quien soy. Aquí están mi raíces, las que alimentaron a la niña tímida y amante de la naturaleza que creció para convertirse en una mensajera de la esperanza.

Mientras te escribo, este día helado y húmedo de 2021, muchos países han sido golpeados por variantes nuevas y más contagiosas del virus que viajan como polizones dentro de huéspedes humanos desprevenidos y que recorren todo el mundo, provocando aún más desesperación. Así, a nadie sorprende que toda nuestra atención esté puesta en cómo controlar esta epidemia.

Pero como mensajera, tengo algo muy importante que quiero transmitir: no debemos dejar que esto nos distraiga de una amenaza mucho mayor para nuestro futuro: la crisis climática y la pérdida de biodiversidad. Si no los solucionamos, será el final de la vida en la Tierra como la conocemos, incluida la nuestra. Si el mundo natural muere, nosotros no podremos seguir viviendo.

En el transcurso de mi vida derrotamos al nazismo, aunque ahora estén resurgiendo vestigios del fascismo. Pudimos desactivar el gran peligro del Armagedón nuclear, aunque estas armas siguen siendo una amenaza. Y ahora debemos vencer no sólo la COVID-19, sino sus mutaciones. Y también el cambio climático y la pérdida de biodiversidad.

Me parece extraño que mi vida haya estado enmarcada por guerras mundiales. La primera, cuando era niña, fue una pelea contra enemigos humanos, los nazis de Hitler. Y ahora que me acerco a la novena década, debemos vencer dos enemigos, uno microscópico; el otro, nuestra propia estupidez, avaricia y egoísmo.

Mi mensaje de esperanza es éste: ahora que leíste la conversación que contiene este pequeño libro, sabes que podemos ganar estas guerras, que hay esperanza para nuestro futuro, para la salud de nuestro planeta, nuestras sociedades y nuestros hijos. Pero sólo si todos unimos fuerzas. Y también espero que entiendas lo urgente que es actuar ya, que cada uno de nosotros haga su parte. Por favor, convéncete de que, contra todo pronóstico, podemos ganar, porque si no lo crees perderás la esperanza, caerás en la apatía y en la desesperación, y no harás nada.

Podemos salir de esta pandemia. Gracias a nuestro *sorprendente intelecto humano*, los científicos han producido vacunas a una velocidad inédita.

Y si nos unimos, usamos nuestro intelecto y cada quien hace su parte, podremos encontrar formas de desacelerar el cambio climático y la extinción de especies. Recuerda que como individuos hacemos la diferencia todos los días, y si nos comportamos de forma ética millones de veces, nuestras decisiones individuales nos llevarán hacia un mundo más sustentable.

Deberíamos estar agradecidos por la increíble *resiliencia de la naturaleza*. Podemos ayudar al medio ambiente a sanar, no sólo gracias a los grandes proyectos de restauración, sino como resultado de nuestros propios esfuerzos, de cómo decidimos vivir nuestras vidas y pensar sobre nuestra huella ambiental.

Hay una gran esperanza para el futuro en las acciones, la determinación y la energía de *los jóvenes* de todo el mundo. Podemos dar lo mejor de nosotros para animarlos y apoyarlos en su lucha contra el cambio climático y la injusticia social y ambiental.

Para terminar, recuerda que hemos sido dotados no sólo de un cerebro astuto y una capacidad bien desarrollada para sentir amor y compasión, sino también de un *espíritu indomable*. Todos tenemos este espíritu de lucha dentro de nosotros, pero algunos no lo saben. Podemos tratar de alimentarlo, darle la oportunidad de extender las alas y de volar por el mundo dotando de valor y determinación a otras personas.

No tiene sentido negar que hay problemas. No debe darte vergüenza pensar en el daño que le hemos provocado al mundo. Pero si te concentras en hacer las cosas que *tú* puedes hacer, y en hacerlas bien, marcarás la diferencia.

En una de mis visitas a Tanzania, donde comenzó el programa Raíces y Brotes, asistí a un evento en el que todos los grupos del vecindario se reunieron para compartir sus proyectos y socializar. Hubo muchas risas y mucho entusiasmo.

Cuando el evento estaba por terminar, todos se reunieron y gritaron: "Juntos podemos", es decir: juntos podían enderezar el rumbo del planeta. Tomé el micrófono y les dije: "Sí, por supuesto que *podemos.* Pero *¿lo haremos?*". Esto los sorprendió un poco, pero lo pensaron y entendieron a qué me refería. Entonces encabecé otro grito ensordecedor: "Juntos *podemos.* Juntos *¡lo haremos!*". Así es como terminan ahora todas sus reuniones, y el grito se ha extendido a otros países. Y a veces culmino así mis conferencias. Di una charla corta en el segundo festival musical más grande de Europa, a una multitud de unas dieciséis mil personas. Les pedí que se unieran a mí en este llamado a la acción. Hubo una respuesta, pero no fue muy impresionante. Les dije que los niños de primaria lo hacían mejor, y volvimos a intentarlo. Aún se me pone la carne de gallina cuando recuerdo cómo todo el público se puso de pie y las palabras resonaron en el tibio aire de la tarde.

Pero cuando se repitió el escenario en Davos, a principios del año pasado, tras dar una conferencia a los poderosos directores de grandes empresas y a unos cuantos políticos y otras personas, fue más sorprendente. La primera respuesta, nuevamente, fue débil. Entonces les dije que me había imaginado que expresarían con más entusiasmo su compromiso con el cambio, y todos se levantaron y dieron una respuesta fuerte y estridente, seguida por un largo aplauso. Al final, había lágrimas en mis ojos.

¡Juntos PODEMOS! ¡Juntos LO HAREMOS!

Sí, sí, podemos, y lo haremos, porque es imperativo. Usemos el don que es nuestra vida para hacer de éste un mundo mejor. Por el bien de nuestros hijos y de sus hijos. Por el bien de quienes viven en la pobreza. Por el bien de los solitarios. Y por el bien de nuestros hermanos y hermanas en el mundo natural: los animales, las plantas, los árboles.

Por favor, por favor, ponte a la altura de este reto, inspira y ayuda a quienes te rodean, haz tu parte. Encuentra tus razones para la esperanza y deja que te guíen hacia el futuro.

Gracias,
JANE GOODALL

Agradecimientos

De Jane:

Tengo ochenta y siete años. ¿Cómo puedo agradecer adecuadamente a todas las personas que me han ayudado en mi viaje, que me han hecho seguir adelante en tiempos difíciles, que me han animado a hacer cosas que pensé que no podía hacer?

Por supuesto, debo comenzar con mi maravillosa madre y el resto de mi familia. El papel que desempeñaron está bien descrito en este libro. Rusty, que me enseñó que somos parte del reino animal. Louis Leakey, que me dio la oportunidad de hacer realidad mis sueños, que tuvo fe en una jovencita que se fue al campo armada únicamente con su pasión por aprender sobre el comportamiento de los chimpancés. Leighton Wilkie, que financió mis primeros seis meses en el campo. David Barbagris, que me permitió observarlo usando y fabricando herramientas, una observación que le interesó tanto a la National Geographic Society que se hicieron cargo del financiamiento de mi investigación. MUCHAS GRACIAS. Y le debo muchísimo a mi primer esposo, Hugo van Lawick, cuyas películas y fotografías me permitieron convencer a los etólogos de la época de que no somos los únicos seres con personalidades, mentes y emociones.

Muchísimas personas y animales contribuyeron a mi comprensión del mundo que nos rodea y me ayudaron durante mi trayecto. Son demasiados para mencionarlos. Los estudiantes y científicos que fueron a Gombe y que han enriquecido nuestro conocimiento sobre la conducta de los chimpancés y los mandriles. Quiero destacar al doctor Anthony Collins, porque ha estado conmigo desde 1972, ha ayudado a mantener Gombe en funcionamiento y siempre puedo contar con él para que me ayude en mis viajes a Tanzania, Burundi, Uganda y la República Democrática del Congo. Mi segundo esposo, Derek Bryceson, desempeñó un papel crucial para asegurar la continuidad del trabajo en Gombe. Su relación con el gobierno de Tanzania nos permitió viajar brevemente a Gombe en un helicóptero militar cuando fue cerrado tras el secuestro de los estudiantes. Y qué maravilloso fue que los asistentes de campo continuaran el trabajo con los chimpancés y los mandriles, aunque por un tiempo no pude estar con ellos más que por unos días a la vez.

Mi sentido agradecimiento al personal y los voluntarios de los Institutos Jane Goodall y nuestros programas de África en Tanzania, Uganda, República Democrática del Congo, República del Congo, Burundi, Senegal, Guinea y Malí. Y a aquellos que trabajan por mejorar la situación de los animales en los zoológicos, y sobre todo en nuestros santuarios de Tchimpounga y Chimp Eden para chimpancés huérfanos, y los otros santuarios que he ayudado a establecer: en la isla de Ngamba, Sweetwaters y Tacugama.

Luego, está el grupo de personas que me han apoyado durante la pandemia y que me permitieron seguir llegando a la gente de todo el mundo mediante la tecnología: Dan DuPont, Lilian Pintea, Bill Wallauer, Shawn Sweeney, Ray Clark y el esforzado equipo de GOOF (Oficina Global de la Fundadora): Mary Lewis, Susana Name y Chris Hildreth. Estoy muy agradecida con Carol Irwin por sus sabios consejos a lo largo de muchas épocas difíciles. Gracias a Mary Paris, la guardiana de un extenso archivo de mis fotografías, y cuya paciencia y poderes mágicos nos permitieron incluir todas las fotos de este libro. Un agradecimiento muy especial a todos los jóvenes —y no tan jóvenes— que organizan y actúan en nuestros programas de Raíces y Brotes en todo el mundo, pues es este movimiento lo que me da una gran esperanza en nuestro futuro.

Para terminar, me ocupo de quienes me ayudaron a hacer posible este libro. Todos los que contribuyeron con historias y fotografías, demasiados para enumerarlos aquí. La última conversación en persona que tuvimos Doug y yo fue en los Países Bajos, y estuvimos muy agradecidos con Patrick y Daniëlle van Veen, quienes encontraron esa magnífica cabaña en el bosque, nos suministraron comida y vino y, en el caso de Daniëlle, cocinó platillos deliciosos. Gracias por tanto.

Y para los que hacen el verdadero trabajo, incluyendo al maravilloso equipo de Celadon Books, en particular a la editora asistente Cecily van Buren-Freedman, y muy especialmente a nuestra estupenda y comprensiva editora Jamie Raab, presidenta y editora de Celadon Books, que condujo este libro con enorme cuidado y atención, al tiempo que debió soportar muchas demoras por culpa de mi espantosa agenda. Y mi gratitud infinita a Gail Hudson, con quien he colaborado con frecuencia y que fue un enorme apoyo mientras trataba de escribir al mismo tiempo que lidiaba con todo lo demás. Gracias, Gail. Sería un descuido no homenajear aquí a mi hermana Judy Waters y su hija Pip, que me han sacado adelante en estos difíciles días, yendo de compras y cocinando para que yo pudiera consagrarme de tiempo completo al trabajo. Estoy muy agradecida con Adrian Sington, que me animó a colaborar con Doug Abrams en un libro sobre la esperanza. Y por supuesto, finalmente, a Doug mismo. Él fue quien concibió este libro en primer lugar, y quien con sus penetrantes preguntas logró hacer emerger algunos de mis pensamientos más íntimos. Para nuestras últimas discusiones por Zoom sobre el sentido y las razones para la esperanza, Doug ajustó pacientemente sus tiempos a mi cada vez más frenético calendario.

De Doug:

Como aprendí al escribir este libro, la esperanza es un don social que es alimentado y sustentado por los que nos rodean. Cada uno de nosotros tiene una red de esperanza que nos sostiene, nos anima y nos impulsa a lo largo de nuestras vidas. Me siento bendecido por haber tenido tantas personas que me ayudaron en una infinidad de formas.

Primero, debo agradecerles a mi madre, Patricia Abrams, y a mi padre, ya fallecido, Richard Abrams, quienes creyeron en mí incluso cuando yo no creía en mí. También a mi hermano, Joe, y a mi hermana, Karen, que además de hermanos han sido amigos de por vida.

Mi familia extendida y mis maestros, amigos y colegas también han estado allí para mí a lo largo de mi viaje vital, sobre todo al crear este libro durante la muerte de mi padre y la lesión cerebral de mi hijo. En particular, querría agradecer a mis maravillosos amigos Don Kendall, Rudy Lohmeyer, Mark Nicolson, Gordon Wheeler, Charlie Bloom, Richard Sonnenblick, Ben Saltzman, Matt Chapman y Diana Chapman. También quiero agradecer a mis brillantes y divertidos colegas de Idea Architects, quienes ayudaron a concebir, planear y crear este libro, incluyendo a Boo Prince, Cody Love, Staci Bruce, Mariah Sanford, Jordan Jacks, Stacie Sheftel y en especial a la brillante Esmé Schwall Welgand, quien trabajó incansablemente para ayudarme con la investigación y la edición durante el proceso, y a Lara Love Hardin y Rachel Neumann, mis guías constantes por los bosques literarios y socias en la creación de una agencia y un mundo más sabios, saludables y justos. No podría haber pedido un equipo de producción y unos compañeros de viajes en Tanzania mejores que Boo y Cody, que fueron increíblemente comprensivos porque tuve que irme a mitad de nuestro viaje, cuando mi padre entró al hospital. También quiero agradecerle a nuestro increíble equipo de derechos de autor extranjeros, Camilla Ferrier, Jemma McDonagh y Brittany Poulin, de la Marsh Agency, y a Caspian Dennis y Sandy Voilette, de Abner Stein, que nos ayudaron a compartir este libro con todo el mundo. Este proyecto no existiría sin el amor y los contactos de mis queridos amigos y autores Christiana Figueres y Tom Carnac, dos de los arquitectos del Acuerdo Climático de París y dos de las personas que la historia recordará entre quienes le dieron a la humanidad una oportunidad de sobrevivir. Ellos me presentaron a Jane y fueron grandes animadores del proyecto durante todo el proceso.

No duraría mucho sin el amor y el apoyo de mi brillante esposa Rachel, y de nuestros hijos Jesse, Kayla y Eliana, que son tres de mis grandes esperanzas para el futuro y demostraciones vivientes del poder de los jóvenes, cada uno a su modo.

Como dijo Jane, fue increíble trabajar con todo el equipo de Celadon, que entendió la visión y el potencial del libro desde el comienzo, incluyendo a Cecily van Buren-Freedman, Christine Mykityshyn, Ana Belle Hindenlang, Rachel Chou, Don Weisberg, Deb Futter y, sobre todo, Jamie Raab. Hace mucho que admiro a Jamie, una de las editoras más brillantes y creativas del mundo, y con quien trabajar ha sido un deleite de principio a fin. Nos ayudó a encauzar el proyecto con su sabiduría, su gentileza y su profundo conocimiento de las esperanzas y los sueños de sus lectores.

Querría agradecerles a todos en el Instituto Jane Goodall por su ayuda, desde mis primeras conversaciones con Susana Name hasta mi gozoso almuerzo con Mary Lewis, quien ha estado con nosotros desde el principio, compartiendo su calidez, su penetrante inteligencia y su capacidad para hacer milagros con el imposible calendario de Jane. Adrian Sington, el agente literario de Jane, quien ha sido un catalizador y un querido colega que hizo posible este proyecto a pesar de muchas cosas en contra y en medio de una pandemia global. Nuestra primera reunión en la Feria del Libro de Londres es uno de los recuerdos más felices de mi vida. Gail Hudson, vieja colaboradora y amiga de Jane, nos ayudó inmensamente a entretejer nuestros diálogos. Ella fue indispensable para terminar el libro, y también se ha convertido en mi amiga y asesora.

Por último, querría agradecerle a Jane por el gran regalo que le ha dado al mundo en este libro: ella misma. La busqué porque es una naturalista que tiene un conocimiento del mundo inusual y muy necesario, pero también descubrí a una figura humanitaria y sabia que habla por nosotros y por la Tierra.

Como poeta y escritora, su dedicación a que cada palabra exprese su verdad ha sido tremendamente inspiradora. Sumergirme con Jane en las profundidades de sus ideas sobre la naturaleza humana y cómo la esperanza puede ser uno de los factores que nos salve ha sido uno de los grandes privilegios de mi vida. Nuestro mundo, desesperado por su guía, le exige enormes sacrificios, pero a pesar de esto fue extremadamente generosa con su tiempo, su sabiduría y su amistad, primero cuando transité el terreno agreste de su dolor personal y luego durante la inusitada epidemia global que nos reveló a todos lo vulnerable y precioso que en realidad es nuestro mundo.

Lecturas recomendadas

¿Qué es la esperanza?

Para una exploración más profunda de la vida de Jane y de las experiencias que moldearon sus ideas, véase su autobiografía espiritual: *Reasons for Hope: A Spiritual Journey* (Warner Books, 1999). Para más información sobre su trabajo con chimpancés, véanse sus obras clásicas sobre los chimpancés de Gombe: *In the Shadow of Man* (Houghton Mifflin, 1971), y *Through a Window: My Thirty Years with the chimpanzees of Gombe* (Houghton Mifflin, 1990).

Para más sobre el tema de los estudios sobre la esperanza, véanse, de Charles Snyder, *Psychology of Hope: You Can Get There from Here* (Free Press, 1994); de Shane Lopez, *Making Hope Happen: Create the Future You Want for Yourself and Others* (Atria Paperback, 2014) y de Casey Gwinn y Chan Hellamn, *Hope Rising: How the Science of HOPE Can Change Your Life* (Morgan James, 2019). También hay un excelente artículo breve de Kirsten Weir para la Asociación Americana de Psicología (APA, por sus siglas en inglés): "Mission Impossible", en *Monitor on Psychology* (vol. 44, núm. 9, octubre de 2013, www.apa.org/monitor/2013/10/mission-impossible).

La idea de que cuando pensamos en el futuro fantaseamos, vivimos o esperamos proviene del libro de Lopez citado arriba (p. 16), así como el metaanálisis del impacto de la esperanza sobre el éxito académico, la productividad en el lugar de trabajo y la felicidad en general (p. 50).

En otro ejemplo, psicólogos de la Universidad de Leicester realizaron un estudio durante el cual observaron a estudiantes durante tres años y descubrieron que los que albergaban más esperanza también tenían un mejor desempeño académico. De hecho, la esperanza contribuía más que la inteligencia, la personalidad e incluso los logros académicos previos. ("Hope Uniquely Predicts Objective Academic Achievement", en *Journal of Research in Personality*, vol. 44, agosto de 2010, pp. 550-553, doi: 10.1016/j.rjp.2010.05.009). En otro estudio, un grupo de investigadores comparó la relación entre la esperanza y productividad como parte de un metaestudio que comprende cuarenta y cinco estudios que examinaron a más de once mil empleados en diversos campos ("Having the Will and Finding the Way: A Review and Meta-Analysis of Hope at Work", en *Journal of Positive Psychology*, vol. 8, núm. 4, mayo de 2013, pp. 292-304, doi: 10.1080/17439760.2013.800903). Concluyeron que la esperanza determina catorce por ciento de la productividad en el trabajo, un porcentaje superior que otras variables, entre las que se incluyen la inteligencia o el optimismo.

La esperanza puede tener tanto un impacto colectivo como individual. En una encuesta aplicada a mil personas en una ciudad de mediano tamaño, el investigador Chan Hellman descubrió que la esperanza colectiva era el predictor más significativo para el bienestar general de la comunidad. Cuando esta encuesta se cruzó con datos de salud pública, descubrieron que tanto la esperanza individual como la colectiva predecían la esperanza de vida (C. M. Hellman y S. M. Schaefer, *How Hopeful Is Tulsa: A Community Wide Assessment of Hope and Well-Being*, 2017, manuscrito inédito).

Otras investigaciones muestran que la esperanza parece tener efectos sobre nuestra salud física. Stephen Stern, médico del Centro de Ciencias de la Salud de la Universidad de Texas en San Antonio, y sus colegas llevaron a cabo un estudio de mortalidad con casi ochocientos mexicanos-estadunidenses y europeos-estadunidenses (Stephen L. Stern, Rahul Dhanda y Helen P. Hazuda,

"Hopelessness Predicts Mortality in Older Mexican and European Americans", en *Psychosomatic Medicine*, vol. 63, núm. 3, mayo-junio de 2001, pp. 344-351, doi: 10.1097/00006842-200105000-00003). Al compensar factores como el género, la educación, la etnicidad, la presión sanguínea, el índice de masa corporal y la ingesta de alcohol, las personas con menos esperanza tuvieron más del doble de probabilidades de haber muerto de cáncer y enfermedades coronarias en un plazo de tres años. Stern cree que la esperanza en el futuro motiva nuestro comportamiento en el presente, y que las decisiones que tomamos hoy determinan si tendremos una vida larga o corta.

Los componentes del ciclo de la esperanza tienen su inicio con Charles Synder, que los identificó en su libro *Psychology of Hope* (Simon & Schuster, 2010): metas, fuerza de voluntad (a veces llamada agencia o confianza) y *waypower* (este término no tiene traducción al español, pero también suele llamarse vías o formas realistas de alcanzar nuestras metas). Otros investigadores, incluyendo a Kay Herth, quien desarrolló el Índice Herth de Esperanza, incluyen el respaldo social como uno de los elementos constitutivos de la esperanza ("Abbreviated Instrument to Measure Hope: Development and Psychometric Evaluation, en *Journal of Advanced Nursing*, vol. 17, núm. 10, octubre de 1992, pp. 1251-1259, doi: 10.111/j.1365-2648.1992.tb01843.x).

Para más información sobre Edith Eger, véanse sus libros: *The Choice: Embrace the Possible* (Scribner, 2017), y *The Gift: 12 Lessons to Save Your Life* (Scribner, 2020).

Razón 1: el asombroso intelecto humano

Para una explicación de la neurociencia de la esperanza y el optimismo, véase Tali Sharot, *The optimism Bias: A Tour of the Irrationally Positive Brain*

(Pantheon, 2011). Como señala Sharot, la corteza frontal, que es más grande en los humanos que en otros primates y quizá constituye la base neurológica del intelecto humano al que se refiere Jane, es esencial para el lenguaje y la definición de objetivos, y tal vez también para la esperanza y el optimismo. Sharot identificó una zona específica de la corteza anterior, la corteza cingulada anterior rostral (rACC, por sus siglas en inglés), que influye en la emoción y la motivación, y tal vez contribuye a la esperanza. En su investigación, cuanto más optimista era una persona, más probabilidades tenía de imaginar acontecimientos futuros positivos con gran intensidad y detalle. Cuando los sujetos pensaban en acontecimientos positivos, esta parte del cerebro se activaba más, y parecía conectarse con la amígdala y modularla. La amígdala es una antigua estructura del cerebro asociada con las emociones, en particular el miedo y la agitación. En las personas optimistas, la rACC parece atenuar el miedo que provoca pensar en acontecimientos negativos y, por el contrario, potencia la excitación cuando piensan en acontecimientos positivos. Ésta podría ser la base neurológica de la afortunada frase de Lopez: los humanos somos híbridos de miedo y esperanza (Lopez, p. 112).

Para más información sobre la inteligencia y la comunicación de los árboles, véase Suzanne Simard, *Finding the Mother Tree: Discovering the Wisdom of the Forest* (Alfred A. Knopf, 2021; hay una edición en español: *En busca del árbol madre. Descubre la sabiduría del bosque,* Paidós, 2021), y Peter Wohlleben, *The Hidden Life of Tres: What They Feel, How They Communicate. Discoveries From a Secret World* (Greystone Books, 2016; hay una edición en español: *La vida secreta de los árboles. Descubre su mundo oculto: qué sienten, qué comunican,* Ediciones Obelisco, 2016).

Razón 2: la resiliencia de la naturaleza

Para más historias sobre la resiliencia de la naturaleza y más detalles sobre algunas de las historias que me contó Jane, véanse sus libros *Hope for Animals and Their World: How Endangered Species Are Being Rescued from the Brink* (Grand Central Publishing, 2009), y *Seeds of Hope: Wisdom and Wonder from the World of Plants* (Grand Central Publishing, 2014).

Para más información sobre la dramática pérdida de biodiversidad y la rápida extinción en nuestro planeta, véase el reporte de la ONU de mayo de 2019: "Nature's Dangerous Decline 'Unprecedented'; Species Extinction Rates 'Accelerating' ", Metas para el Desarrollo Sostenible, www.un.org/sustainable development/blog/2019/05/nature-decline-unprecedented-report

Para el reporte de la APA sobre los efectos del cambio climático en la salud mental, véase Susan Clayton Whitmore-Williams, Christie Manning, Kirra Krygsman *et al.*, "Mental Health and Our Changing Climate: Impacts, Implications, and Guidance", marzo de 2017, www.apa.org/news/press/releases/2017/03/mental-health-climate.pdf

Para más información sobre la capacidad de los ecosistemas para recuperarse, véase el estudio "Rapid Recovery of Damaged Ecosystems" de Holly P. Jones y Oswald J. Schmitz, de la Escuela de Silvicultura y Ciencias Ambientales de la Universidad de Yale, en *PLOS ONE* (27 de mayo de 2009, doi: 10.1371/journal.pone.0005653). Tras evaluar doscientos cuarenta estudios independientes que abarcan cien años de investigación, encontraron que los ecosistemas pueden recuperarse cuando se pone fin a la fuente de contaminación y destrucción. Los ecosistemas que estudiaron tardaron entre una década y medio siglo en recuperarse; los bosques se recuperaron en promedio en cuarenta y dos años, y los suelos oceánicos en diez. Los entornos con múltiples fuentes de destrucción tardaron en promedio cincuenta y seis años en recuperarse, pero algunos ecosistemas fueron empujados más allá del punto de no retorno y nunca se recuperaron, aunque incluso éstos podrían hacerlo en escalas temporales mucho mayores, no relevantes para la civilización humana. Los investigadores dijeron sobre sus hallazgos que incluso estos ecosistemas fuertemente dañados pueden recuperarse "si hay voluntad humana".

Para saber sobre nuestra necesidad de naturaleza y la profunda influencia que ésta tiene sobre la salud y el bienestar humanos, véase Caoimhe Twohig-Bennett y Andy Jones, "The Health Benefits of the Great Outdoors: A Systematic Review and Meta-Analysis of Greenspace Exposures and Healt Outcomes", donde sus autores analizaron más de ciento cuarenta estudios que abarcan más de doscientos noventa millones de personas en veinte países y encontraron que pasar tiempo en la naturaleza o vivir cerca de ella representaba beneficios diversos y significativos, incluyendo una reducción en la diabetes tipo II, las enfermedades cardiovasculares, la muerte prematura y los nacimientos prematuros (en *Environmental Research*, vol. 166, octubre de 2018, pp. 628-637, doi: 10.106/j.envres.2018.06.030). Si bien no está clara la razón por la cual la naturaleza tiene un impacto tan profundo, una teoría es que reduce el estrés de los participantes, medido mediante el nivel de cortisol en su saliva.

Los neurocientíficos ambientales Marc Berman, de la Universidad de Chicago, y sus colegas han descubierto que tener más árboles en una calle está relacionado con las mejoras en la salud de sus residentes (Omid Kardan, Peter Gozdyre, Bratislav Misic *et al.,* "Neighborhood Greenspace and Health in a Large Urban Center, en *Scientific Reports,* vol. 5, núm. 11610, 9 de julio de 2015, doi: 10.1038/srep11610). Las personas que vivían en una calle con diez árboles extra disfrutaban mejoras equivalentes a ser siete años más jóvenes en comparación con quienes vivían en calles con menos cobertura arbórea, incluso al compensar otras variables, como el ingreso y la educación. Berman aún no sabe por qué ocurre esto, pero sospecha que tiene que ver con la calidad del aire y con las relajantes cualidades estéticas de la naturaleza. En otro estudio, encontró que un sencillo paseo por la naturaleza conducía a veinte por ciento de incremento en la memoria de trabajo y la atención, y que las personas también obtienen beneficios cognitivos a partir de imágenes, sonidos y videos de la naturaleza (Marc G. Berman, John Jonides y Stephen Kaplan, "The Cognitive Benefits of Interacting with Nature", en *Psychological Science*, vol. 19, núm. 12, diciembre de 2008, pp. 1207-1212, doi: 10.1111/j.1467-9280.2008.02225.x; Marc G. Berman, Ethan Kross, Katherine M. Krpan *et al.*, "Interacting with Nature Improves Cognition and Affect for Individuals with Depression", en *Journal of Affective Disorders*, vol. 140, núm. 3, noviembre de 2012, pp. 300-305, doi: 10.1016/j.jad.2012.03.012).

Para saber más sobre la Iniciativa para la Siembra de Árboles del Foro Económico de Davos, véase "A Platform for the Trillion Tree Community", en www.1t.org. La investigación "The Global Tree Restoration Potential" (Potencial global para la restauración forestal) que condujo a esta iniciativa fue publicada en *Science* por Thomas Crowther *et al.* (vol. 365, núm. 6448, 5 de julio de 2019, pp. 76-79, https://science.sciencemag.org/content/365/6449/76).

Razón 3: el poder de los jóvenes

Para saber más sobre los programas Raíces y Brotes, véase http://rootsandshoots.org.

Me contaron la historia de Chan Hellman en una entrevista telefónica, pero puede encontrarse en su libro *Hope Rising* (Morgan James, 2019).

Razón 4: el indomable espíritu humano

Para un maravilloso video sobre Jia Haixia y Jia Wenqi, su amistad y siembra de árboles, véase *GoPro: A Blind Mand and His Armless Friend Plant a Forest in China* (https://www.youtube.com/watch?v=Mx6hBgNNacE y https://gopro.com/en/us/goproforacause/brothers).

Convertirse en mensajera de la esperanza

Para más sobre las experiencias cercanas a la muerte y lo que pueden revelar sobre la vida después de la muerte, véase el clásico libro de Elisabeth Kübler-Ross, *On Life After Death* (Celestial Arts, 2008; hay una edición en español: *La vida después de la muerte*, Hiperlibro, 2018) o el libro más reciente de Bruce Greyson: *After: A Doctor Explores What Near-Death Experiences Reveal About Life and Beyond* (St. Martin's Essentials, 2021). Greyson, líder en el campo de los estudios sobre las experiencias cercanas a la muerte, las ha estudiado durante más de cuarenta años. Analizó los casos de muchas personas que, al encontrarse cerca de la muerte, vieron y supieron cosas imposibles, como conocer parientes que no sabían que tenían. Greyson dice que la gente que tiene experiencias cercanas a la muerte cree, casi sin excepción, que no hay por qué temer a la muerte y que la vida o la conciencia continúan de algún modo más allá de la tumba. Las experiencias cercanas a la muerte también transforman la vida que viven estas personas, y las inspiran a creer que en el universo existe un sentido y un propósito. Algunas de las historias más fascinantes se relacionan con lo que Jane dijo sobre la posibilidad de que esta vida sea una prueba. Según la investigación de Greyson, en muchos casos las personas que han estado cerca de la muerte literalmente ven su vida pasar frente a sus ojos en un instante y entienden por qué ocurrieron ciertas cosas.

Para saber más sobre las ideas de Francis Collins, véase su libro *The Language of God: A Scientist Presents Evidence for Belief* (Free Press, 2006; hay una edición en español: *Cómo habla Dios,* Ariel, 2014).

Para otros libros en la Global Icons Series, véase: www.ideaarchitects.com/global-icons-series

Para más información sobre el trabajo de Jane Goodall, véanse:
www.janegoodall.global y www.rootsandshoots.global

Sobre los autores

(Douglas Abrams)

La doctora **Jane Goodall** es etóloga y ambientalista. Desde niña le ha fascinado la conducta animal, y en 1957, a los veintitrés años, conoció al famoso paleoantropólogo Louis Leakey, mientras visitaba a un amigo en Kenia. Impresionado por su pasión por los animales, Leakey le ofreció a Jane la oportunidad de ser la primera persona en estudiar a los chimpancés, nuestros parientes vivos más cercanos, en estado salvaje. Así, tres años después Jane viajó de Inglaterra a lo que hoy es Tanzania, equipada únicamente con una libreta, unos binoculares y mucha decisión, y se aventuró en el hasta entonces desconocido mundo de los chimpancés.

La investigación de Jane en el Parque Nacional de Gombe nos ha dotado de una comprensión profunda de la conducta de los chimpancés. La investigación continúa, pero en 1986, al entender lo amenazados que estaban los chimpancés en toda África, Jane viajó a seis sitios de estudio. Se enteró de primera mano no sólo de los problemas que enfrentaban los chimpancés, sino también los de muchos africanos que vivían en la pobreza. Entonces supo que la única manera de salvar a los chimpancés era ayudar a las comunidades locales a encontrar formas de ganarse el sustento sin destruir el medio ambiente. Desde entonces, Jane ha viajado por todo el mundo para crear conciencia y aprender sobre las amenazas que hoy enfrentamos todos, en particular, el cambio climático y la pérdida de biodiversidad. Autora de muchos libros para niños y adultos, y protagonista de infinidad de documentales y artículos, Jane ha alcanzado a millones de personas con sus conferencias, podcasts y textos. Fue nombrada Mensajera de la Paz de la ONU, es Dama del Imperio británico y ha recibido infinidad de honores en todo el mundo.

Douglas Abrams es coautor, con su santidad el Dalái Lama y el arzobispo Desmond Tutu, de *The book of joy: Lasting happiness in a changing world* (hay una edición en español: *El libro de la alegría: alcanza la felicidad duradera en un mundo en cambio constante*, Grijalbo, 2016), best seller de *The New York Times* y primer libro de la Global Icons Series. Douglas también es fundador y presidente de Idea Architects, una agencia literaria y empresa de desarrollo de medios que ayuda a visionarios a crear un mundo más sabio, saludable y justo. Vive en Santa Cruz, California.